Criptomoedas: A Nova Era das Finanças

Sumário

Introdução

- O que são criptomoedas?
- A importância das criptomoedas no cenário financeiro atual
- Objetivos do livro

Capítulo 1: A História das Criptomoedas

- O surgimento do Bitcoin
- Principais marcos históricos
- Evolução das criptomoedas ao longo dos anos

Capítulo 2: Blockchain: A Tecnologia por Trás das Criptomoedas

- O que é blockchain?
- Como funciona a blockchain?

- Aplicações da blockchain além das criptomoedas

Capítulo 3: Principais Criptomoedas e Suas Características

- Bitcoin (BTC)
- Ethereum (ETH)
- Ripple (XRP)
- Litecoin (LTC)
- Outras criptomoedas relevantes

Capítulo 4: Como Investir em Criptomoedas

- Estratégias de investimento
- Análise técnica e fundamentalista
- Plataformas de negociação e corretoras

Capítulo 5: Segurança no Mundo das Criptomoedas

- Armazenamento seguro: carteiras digitais
- Protegendo seus investimentos
- Principais ameaças e como evitá-las

Capítulo 6: Regulamentação e Legislação

- Situação legal das criptomoedas no mundo
- Impacto das regulamentações no mercado
- Futuro das regulamentações

Capítulo 7: Casos de Sucesso e Lições Aprendidas

- Histórias de investidores bem-sucedidos
- Erros comuns e como evitá-los
- Lições de grandes perdas e fraudes

Capítulo 8: Criptomoedas no Dia a Dia

- Uso de criptomoedas para compras e serviços
- Adoção por empresas e instituições
- O impacto das criptomoedas na economia global

Capítulo 9: O Futuro das Criptomoedas

- Tendências emergentes

- O papel das criptomoedas na economia digital
- Previsões e cenários futuros

Capítulo 10: Explorando Oportunidades Avançadas

- DeFi (Finanças Descentralizadas)
- NFTs (Tokens Não Fungíveis)
- Staking e Yield Farming

Conclusão

- Recapitulando os principais pontos
- A importância da educação contínua
- Como continuar aprendendo e se atualizando

Apêndices

- Glossário de termos
- Recursos adicionais para estudo
- Contatos e comunidades relevantes

Dedicatoria

Aos pioneiros e visionários que acreditaram no poder transformador das criptomoedas desde o início.

Aos investidores e entusiastas que continuam a explorar e expandir os limites do que é possível no mundo financeiro digital.

E, especialmente, a você, leitor, que busca conhecimento e inovação para moldar o futuro das finanças.

Prefácio

O mundo das finanças está em constante evolução, e poucas inovações têm causado tanto impacto quanto as criptomoedas. Desde o surgimento do Bitcoin em 2009, temos testemunhado uma revolução silenciosa, onde a confiança e o controle das transações financeiras estão sendo descentralizados e democratizados. O que começou como uma ideia controversa e marginalizada, hoje se estabeleceu como uma força poderosa e inegável no cenário econômico global.

Quando comecei a explorar o universo das criptomoedas, fiquei impressionado com a profundidade e a complexidade desse novo mundo. A cada descoberta, percebia o imenso potencial que essas tecnologias oferecem, não apenas para investidores e entusiastas, mas para a sociedade como um todo. Foi essa fascinação que me motivou a escrever "Criptomoedas: A Nova Era das Finanças".

Este livro é um guia completo para todos que desejam entender e se beneficiar das oportunidades oferecidas pelas criptomoedas. Ele foi concebido para ser acessível tanto para iniciantes quanto para aqueles que já possuem algum conhecimento sobre o assunto. Através de uma abordagem detalhada e estruturada, buscamos desmistificar as criptomoedas e fornecer insights valiosos sobre como navegar nesse mercado dinâmico.

Ao longo dos capítulos, você encontrará uma jornada que começa com a história e os fundamentos das criptomoedas, passando pela tecnologia do blockchain, até chegar às estratégias de investimento e segurança. Exploraremos também casos de sucesso, regulamentações e as tendências futuras que moldarão o mercado. Cada seção foi escrita com o objetivo de agregar valor e proporcionar uma compreensão profunda e prática do tema.

Espero que este livro inspire você a se aprofundar no mundo das criptomoedas e a explorar as inúmeras possibilidades que ele oferece. Que ele sirva como um recurso valioso para suas decisões financeiras e como um guia para alcançar seus objetivos de investimento. Mais do que isso, espero que ele desperte em você a mesma paixão e curiosidade que me motivaram a escrevê-lo.

A nova era das finanças já começou, e você está prestes a fazer parte dela. Vamos embarcar juntos nesta jornada de descobertas e oportunidades.

Introdução

As criptomoedas surgiram como uma inovação disruptiva no mundo financeiro, desafiando o status quo e oferecendo uma alternativa descentralizada e digital às moedas tradicionais. Mas o que são, exatamente, as criptomoedas? Em sua essência, criptomoedas são ativos digitais que utilizam criptografia para garantir transações seguras, controlar a criação de novas unidades e verificar a transferência de ativos. A primeira e mais conhecida criptomoeda, o Bitcoin, foi criada em 2009 por um indivíduo ou grupo de indivíduos sob o pseudônimo de Satoshi Nakamoto. Desde então, milhares de outras criptomoedas foram desenvolvidas, cada uma com características e propósitos distintos.

No cenário financeiro atual, as criptomoedas estão ganhando cada vez mais relevância. Elas não apenas oferecem uma nova forma de investimento, mas também possibilitam transações mais rápidas, seguras e com menores custos em comparação aos sistemas financeiros tradicionais. Além disso, a tecnologia subjacente das criptomoedas, o blockchain, está sendo explorada para diversas aplicações além do setor financeiro, incluindo cadeias de suprimentos, votação digital e contratos inteligentes.

O objetivo deste livro, "Criptomoedas: A Nova Era das Finanças", é fornecer uma visão abrangente e detalhada do universo das criptomoedas. Queremos capacitar nossos leitores com o conhecimento necessário para entender esse mercado dinâmico e aproveitar as oportunidades que ele oferece. Este livro é destinado a todos que têm interesse em finanças e investimentos, especialmente aqueles que têm a ambição de enriquecer e estão dispostos a explorar novas fronteiras financeiras.

Ao longo dos capítulos, exploraremos a história das criptomoedas, a tecnologia que as sustenta, as principais moedas no mercado, estratégias de investimento, segurança, regulamentação, casos de sucesso, e muito mais. Nosso objetivo é não apenas informar, mas também inspirar nossos leitores a se aprofundarem no mundo das criptomoedas, oferecendo insights e conhecimentos que poucas pessoas conhecem, mas que podem fazer toda a diferença.

Este livro foi escrito para agregar valor ao leitor e fornecer uma base sólida para aqueles que desejam se tornar especialistas em criptomoedas. Esperamos que, ao final da leitura, você se sinta confiante para investir, utilizar e até mesmo recomendar criptomoedas a outras pessoas. Nosso desejo é que este livro seja tão valioso que você queira compartilhá-lo e presentear outros com este conhecimento.

Seja bem-vindo à nova era das finanças. Vamos começar esta jornada juntos.

Capítulo 1: A História das Criptomoedas

Introdução

As criptomoedas representam uma das inovações mais disruptivas do século XXI, desafiando o sistema financeiro tradicional e introduzindo novas formas de transações e investimentos. Desde o surgimento do Bitcoin em 2009, as criptomoedas evoluíram significativamente, atraindo a atenção de investidores, tecnólogos e reguladores em todo o mundo. Este capítulo traça a fascinante trajetória das criptomoedas, desde suas origens até seu impacto atual no sistema financeiro global.

O Surgimento do Bitcoin

A Criação do Bitcoin

O Bitcoin, a primeira criptomoeda, foi criado por uma figura ou grupo anônimo conhecido como Satoshi Nakamoto. Em outubro de 2008,

Nakamoto publicou um white paper intitulado "Bitcoin: A Peer-to-Peer Electronic Cash System", que detalhava a estrutura e o funcionamento de um sistema de pagamento eletrônico descentralizado. Este documento propunha uma solução para o problema do "gasto duplo" sem a necessidade de uma autoridade central, utilizando uma rede peer-to-peer para verificar as transações.

Em 3 de janeiro de 2009, Nakamoto minerou o primeiro bloco de Bitcoin, conhecido como "bloco gênesis", que continha uma mensagem codificada: "The Times 03/Jan/2009 Chancellor on brink of second bailout for banks." Esta mensagem fazia referência à crise financeira de 2008 e destacava a motivação por trás da criação do Bitcoin: oferecer uma alternativa ao sistema bancário tradicional, que havia falhado em proteger os interesses dos cidadãos.

Primeiras Transações e Adoção Inicial

As primeiras transações de Bitcoin foram realizadas entre entusiastas da tecnologia e criptografia. Em maio de 2010, ocorreu a primeira transação comercial de Bitcoin, quando Laszlo Hanyecz comprou duas pizzas por 10.000 BTC. Este evento, conhecido como "Bitcoin Pizza Day", é frequentemente citado para ilustrar a evolução do valor do Bitcoin, que na época era insignificante.

A adoção inicial do Bitcoin foi lenta, com a maioria das transações ocorrendo em fóruns e entre indivíduos interessados na tecnologia subjacente. No entanto, à medida que mais pessoas começaram a entender o potencial do Bitcoin, a rede cresceu e a criptomoeda começou a ganhar valor.

Principais Marcos Históricos

2011: O Surgimento de Outras Criptomoedas

Com o sucesso inicial do Bitcoin, outras criptomoedas começaram a surgir. Em 2011,

Charlie Lee, um ex-funcionário do Google, criou o Litecoin. O Litecoin foi projetado para ser uma versão "mais leve" do Bitcoin, com tempos de transação mais rápidos e um algoritmo de mineração diferente, chamado Scrypt. O objetivo era oferecer uma alternativa mais eficiente e acessível ao Bitcoin.

Nesse mesmo ano, o Namecoin foi lançado como uma tentativa de descentralizar o registro de domínios na internet. Embora o Namecoin não tenha alcançado o mesmo nível de sucesso que o Bitcoin ou o Litecoin, ele representou um passo importante na diversificação do ecossistema de criptomoedas.

2013: O Crescimento Exponencial e os Primeiros Desafios

Em 2013, o Bitcoin atingiu um marco significativo ao ultrapassar a marca de $1.000 pela primeira vez. Esse crescimento exponencial atraiu a atenção da mídia e de investidores em todo o mundo. No entanto, o ano também trouxe desafios significativos.

O fechamento do Silk Road, um mercado negro online que aceitava Bitcoin, foi um golpe para a reputação da criptomoeda. O Silk Road era um mercado anônimo que facilitava a venda de drogas e outros bens ilegais, e seu fechamento pelo FBI destacou os riscos associados ao uso de criptomoedas para atividades ilícitas.

Outro desafio foi o colapso da Mt. Gox, uma das maiores exchanges de Bitcoin na época. Em fevereiro de 2014, a Mt. Gox anunciou que havia perdido 850.000 BTC devido a um hack, resultando na falência da empresa. Este evento destacou a necessidade de melhores práticas de segurança e regulação no mercado de criptomoedas.

2015: O Lançamento do Ethereum

Em 2015, uma nova criptomoeda chamada Ethereum foi lançada por Vitalik Buterin e sua equipe. Diferente do Bitcoin, que foi projetado principalmente como uma moeda digital, o Ethereum foi concebido como uma plataforma descentralizada que permitia a criação de contratos inteligentes e aplicativos descentralizados (dApps).

Os contratos inteligentes são programas autoexecutáveis que funcionam exatamente como foram programados, sem possibilidade de fraude ou interferência de terceiros. O lançamento do Ethereum marcou o início de uma nova era para as criptomoedas, expandindo suas aplicações além de simples transações financeiras e permitindo a criação de uma vasta gama de serviços descentralizados.

2017: A Explosão das ICOs

O ano de 2017 foi marcado pela explosão das Ofertas Iniciais de Moedas (ICOs), um método de financiamento coletivo onde novos projetos de criptomoedas vendiam tokens para levantar capital. Milhares de ICOs foram lançadas, arrecadando bilhões de dólares. Este período foi comparado à bolha das "pontocom" dos anos 2000, com muitos projetos prometendo inovações revolucionárias.

No entanto, a febre das ICOs também atraiu muitos golpes e projetos fraudulentos. Muitos investidores perderam dinheiro em projetos que nunca se materializaram ou que foram projetados para enganar. Em resposta, reguladores em todo o mundo começaram a prestar mais atenção às ICOs e a introduzir regulamentações para proteger os investidores.

2020: A Ascensão das Finanças Descentralizadas (DeFi)

Em 2020, o setor de Finanças Descentralizadas (DeFi) ganhou destaque. DeFi refere-se a um ecossistema de aplicativos financeiros construídos em blockchain, especialmente no Ethereum, que permite a realização de serviços financeiros tradicionais, como empréstimos e negociações, de maneira descentralizada.

O valor total bloqueado em projetos DeFi cresceu exponencialmente, atraindo atenção e investimentos significativos. Plataformas como Uniswap, Compound e Aave permitiram que usuários emprestassem, tomassem emprestado e negociassem criptomoedas sem a necessidade de intermediários tradicionais, como bancos. Este movimento representou um passo significativo na direção de um sistema financeiro verdadeiramente descentralizado.

A Evolução das Criptomoedas

De Ideia Inovadora a Ativo Financeiro Significativo

Inicialmente, as criptomoedas eram vistas com ceticismo e curiosidade. No entanto, ao longo dos anos, elas ganharam aceitação e legitimidade. Grandes empresas começaram a aceitar Bitcoin como forma de pagamento, e investidores institucionais começaram a incluir criptomoedas em seus portfólios. A tecnologia blockchain, que sustenta as criptomoedas, também começou a ser explorada por diversas indústrias para melhorar a transparência e a eficiência.

Empresas como Microsoft, Tesla e PayPal começaram a aceitar Bitcoin e outras criptomoedas como forma de pagamento, aumentando sua visibilidade e aceitação. Além disso, fundos de investimento e empresas de capital de risco começaram a investir pesadamente em startups de blockchain e criptomoedas, acelerando o desenvolvimento e a inovação no setor.

Regulação e Legislação

À medida que as criptomoedas ganharam popularidade, governos e reguladores em todo o mundo começaram a prestar mais atenção a elas. Alguns países, como Japão e Suíça, adotaram regulamentações favoráveis, enquanto outros, como China e Índia, impuseram restrições severas. A regulação continua a ser um tema crucial para o futuro das criptomoedas, com debates em andamento sobre como equilibrar a inovação com a proteção ao consumidor e a prevenção de atividades ilícitas.

Adoção por Grandes Empresas e Instituições

Empresas como Microsoft, Tesla e PayPal começaram a aceitar Bitcoin e outras criptomoedas como forma de pagamento, aumentando sua visibilidade e aceitação. Além disso, fundos de investimento e empresas de capital de risco começaram a investir pesadamente em startups de blockchain e criptomoedas, acelerando o desenvolvimento e a inovação no setor.

Adoção por Grandes Empresas e Instituições

Empresas como Microsoft, Tesla e PayPal começaram a aceitar Bitcoin e outras criptomoedas como forma de pagamento, aumentando sua visibilidade e aceitação. Além disso, fundos de investimento e empresas de capital de risco começaram a investir pesadamente em startups de blockchain e criptomoedas, acelerando o desenvolvimento e a inovação no setor.

Conclusão

A história das criptomoedas é uma jornada fascinante de inovação, desafios e crescimento. Desde o surgimento do Bitcoin até a explosão das ICOs e a ascensão das finanças descentralizadas, as criptomoedas evoluíram de uma ideia marginal para uma parte significativa do sistema financeiro global. Este capítulo traçou os principais marcos históricos e a evolução das criptomoedas, preparando o terreno para uma exploração mais profunda nos capítulos seguintes.

Capítulo 2: Blockchain: A Tecnologia por Trás das Criptomoedas

Introdução

A tecnologia blockchain é a espinha dorsal das criptomoedas e uma das inovações mais significativas do século XXI. Embora esteja mais frequentemente associada ao Bitcoin e outras criptomoedas, suas aplicações vão muito além do setor financeiro. Este capítulo explora o que é blockchain, como funciona, seus componentes principais e suas diversas aplicações em diferentes indústrias.

O que é Blockchain?

Definição de Blockchain

Blockchain é um tipo de banco de dados distribuído que armazena informações de maneira segura, transparente e imutável. Em vez de armazenar dados em um servidor centralizado, a blockchain distribui esses dados por uma rede de computadores (nós), garantindo que todas as transações sejam verificáveis e que nenhum único ponto de falha possa comprometer o sistema.

História e Origem

A ideia de blockchain foi introduzida pela primeira vez em 2008 por Satoshi Nakamoto no white paper do Bitcoin. Nakamoto propôs um sistema de pagamento eletrônico peer-to-peer que permitiria transações seguras sem a necessidade de intermediários. O primeiro bloco de Bitcoin, conhecido como "bloco gênesis", foi minerado em janeiro de 2009, marcando o início da primeira blockchain funcional.

Como a Blockchain Funciona

Componentes Principais

Blocos

Cada bloco na blockchain contém um conjunto de transações. Um bloco é composto por várias partes:

1. **Cabeçalho do Bloco**: Inclui informações como o hash do bloco anterior, o timestamp (carimbo de data/hora) e a nonce (um número usado apenas uma vez).

2. **Hash do Bloco Anterior**: Um identificador único que conecta o bloco atual ao bloco anterior, criando uma cadeia ininterrupta.

3. **Dados da Transação**: Um registro de todas as transações incluídas no bloco.

Hashes

Um hash é uma função criptográfica que transforma uma entrada de dados em uma saída de tamanho fixo. Na blockchain, os hashes são usados para garantir a integridade dos dados. Qualquer alteração nos dados de um bloco alteraria seu hash, tornando evidente que o bloco foi adulterado. Isso torna a blockchain imutável, pois qualquer tentativa de modificar um bloco exigiria a alteração de todos os blocos subsequentes, o que é computacionalmente impraticável.

Nós

Os nós são computadores que participam da rede blockchain. Cada nó mantém uma cópia completa da blockchain e participa do processo de verificação de transações e criação de novos blocos. Existem diferentes tipos de nós, incluindo:

1. **Nós Completo**: Armazena uma cópia completa da blockchain e valida todas as transações e blocos.

2. **Nós Leve**: Armazena apenas uma parte da blockchain e depende de nós completos para validação.

3. **Nós Mineradores**: Competem para resolver problemas criptográficos complexos para adicionar novos blocos à blockchain (processo conhecido como mineração).

Processo de Mineração

A mineração é o processo de adicionar novos blocos à blockchain. Os mineradores competem para resolver um problema matemático complexo baseado no algoritmo de consenso da rede (geralmente Proof of Work). O primeiro minerador a resolver o problema adiciona o bloco à blockchain e recebe uma recompensa em criptomoeda.

Algoritmos de Consenso

Os algoritmos de consenso são mecanismos que permitem que os nós da rede concordem sobre o estado atual da blockchain. Os dois algoritmos de consenso mais comuns são:

1. **Proof of Work (PoW)**: Utilizado pelo Bitcoin, requer que os mineradores resolvam problemas matemáticos complexos para validar transações e adicionar novos blocos. É seguro, mas consome muita energia.

2. **Proof of Stake (PoS)**: Utilizado por algumas outras criptomoedas, seleciona

validadores com base na quantidade de criptomoeda que possuem e estão dispostos a "apostar" como garantia. É mais eficiente em termos de energia, mas enfrenta desafios de segurança diferentes.

Aplicações da Blockchain Além das Criptomoedas

Cadeia de Suprimentos

A blockchain pode ser usada para melhorar a transparência e a rastreabilidade na cadeia de suprimentos. Cada etapa do processo de produção e distribuição pode ser registrada na blockchain, permitindo que todos os participantes da cadeia tenham acesso a um registro imutável e verificável. Isso pode ajudar a prevenir fraudes, garantir a autenticidade dos produtos e melhorar a eficiência operacional.

Exemplo: A IBM, em parceria com a Maersk, desenvolveu a plataforma TradeLens, que utiliza blockchain para rastrear contêineres de carga em tempo real. Isso permite que todas as partes interessadas, desde fabricantes até transportadoras e autoridades alfandegárias, tenham uma visão única e transparente do status dos envios.

Votação Digital

A votação digital é outra área onde a blockchain pode ter um impacto significativo. A tecnologia pode ser usada para criar sistemas de votação seguros e transparentes, onde cada voto é registrado de maneira imutável e pode ser verificado por qualquer pessoa. Isso pode ajudar a prevenir fraudes eleitorais e aumentar a confiança no processo democrático.

Exemplo: Em 2018, a cidade de Zug, na Suíça, realizou uma votação piloto usando blockchain. Os cidadãos puderam votar em questões locais usando seus smartphones, e os votos foram registrados na blockchain para garantir a integridade e a transparência do processo.

Contratos Inteligentes

Os contratos inteligentes são programas autoexecutáveis que funcionam exatamente como foram programados, sem possibilidade de fraude ou interferência de terceiros. Eles podem ser usados para automatizar uma vasta gama de processos, desde acordos financeiros até a gestão de propriedade intelectual.

Exemplo: A plataforma Ethereum permite a criação de contratos inteligentes que podem automatizar processos como empréstimos, seguros e gestão de ativos. Por exemplo, um contrato inteligente pode ser programado para liberar fundos automaticamente quando certas condições são atendidas, eliminando a necessidade de intermediários.

Desafios e Oportunidades

Escalabilidade

Um dos maiores desafios enfrentados pela tecnologia blockchain é a escalabilidade. À medida que mais transações são adicionadas à blockchain, a rede pode se tornar lenta e ineficiente. Soluções como a Lightning Network (para Bitcoin) e o sharding (para Ethereum) estão sendo desenvolvidas para melhorar a escalabilidade e permitir que a blockchain suporte um número maior de transações.

Segurança

Embora a blockchain seja considerada segura devido à sua natureza descentralizada e imutável, ela não é completamente imune a ataques. Ataques de 51%, onde um grupo de mineradores controla mais de 50% da rede, podem comprometer a integridade da blockchain. Além disso, vulnerabilidades em contratos inteligentes podem ser exploradas por hackers.

Regulação

A regulação é outro desafio significativo para a adoção generalizada da blockchain. Governos e reguladores em todo o mundo estão tentando encontrar um equilíbrio entre promover a inovação e proteger os consumidores. A falta de regulamentação clara pode criar incertezas e dificultar a adoção da tecnologia.

Expansão dos Componentes Principais

Blocos: Estrutura em Detalhe

Cada bloco na blockchain é uma unidade de dados que contém um conjunto de transações. A estrutura de um bloco é composta por várias partes essenciais, cada uma desempenhando um papel crucial na integridade e funcionalidade da blockchain.

1. **Cabeçalho do Bloco**: O cabeçalho do bloco contém metadados críticos que identificam e vinculam o bloco na cadeia. Ele inclui:

    - **Versão**: Indica a versão do software utilizado para criar o bloco.
    - **Hash do Bloco Anterior**: Um identificador único que conecta o

bloco atual ao bloco anterior, garantindo a continuidade da cadeia.

- **Merkle Root**: Um hash que representa todas as transações no bloco. Ele é gerado através de uma árvore de Merkle, que permite a verificação eficiente e segura da integridade das transações.

- **Timestamp**: O carimbo de data/hora que indica quando o bloco foi criado.

- **Dificuldade**: A dificuldade do problema de mineração que foi resolvido para criar o bloco.

- **Nonce**: Um número usado apenas uma vez, que os mineradores ajustam para encontrar um hash válido para o bloco.

2. **Dados da Transação**: Cada bloco contém um registro de todas as transações que foram verificadas e incluídas nele. As

transações são agrupadas e organizadas em uma estrutura de árvore de Merkle, onde cada folha da árvore é um hash de uma transação individual, e cada nó pai é um hash dos hashes de seus nós filhos.

Exemplos de Estrutura de Bloco

Para ilustrar a estrutura de um bloco, considere o seguinte exemplo simplificado:

- **Cabeçalho do Bloco**:
    - Versão: 1
    - Hash do Bloco Anterior: 0000000000000000000a1b2c3d4e5f6g7h8i9j0k1l2m3n4o5p6q7r8s9t0u1v2w3x4y5z6
    - Merkle Root: 4d5e6f7g8h9i0j1k2l3m4n5o6p7q8r9s0t1u2v3w4x5y6z7a8b9c0d1e2f3g4h5i6j7k8l9m0n1
    - Timestamp: 1622548800 (Unix timestamp)

- Dificuldade: 20

- Nonce: 102334155

- **Dados da Transação**:

    - Transação 1: Hash - 1a2b3c4d5e6f7g8h9i0j1k2l3m4n5o6p7q8r9s0t1u2v3w4x5y6z7a8b9c0d1e2f3g4h5i6j7k8l9m0n1

    - Transação 2: Hash - 2b3c4d5e6f7g8h9i0j1k2l3m4n5o6p7q8r9s0t1u2v3w4x5y6z7a8b9c0d1e2f3g4h5i6j7k8l9m0n1

Hashes: Fundamentos Criptográficos

Os hashes desempenham um papel fundamental na segurança e integridade da blockchain. Eles são gerados usando funções hash criptográficas, que transformam uma entrada de dados em uma saída de tamanho fixo, geralmente um valor hexadecimal.

1. **Propriedades dos Hashes**:

- **Determinístico**: A mesma entrada sempre produzirá a mesma saída.

- **Rápido de Computar**: A função hash deve ser rápida de calcular para qualquer entrada.

- **Resistente a Colisões**: É extremamente difícil encontrar duas entradas diferentes que produzam a mesma saída.

- **Resistente a Pré-imagem**: Dado um hash, é computacionalmente impraticável determinar a entrada original.

- **Efeito Avalanche**: Uma pequena alteração na entrada deve resultar em uma alteração drástica na saída.

2. **Funções Hash Comuns**:

    - **SHA-256**: Utilizada pelo Bitcoin, produz um hash de 256 bits.

- **Scrypt**: Utilizada pelo Litecoin, é projetada para ser mais resistente a ataques de hardware especializado.

Exemplo de Hash:

Considere a entrada "Hello, Blockchain!":

- Usando SHA-256, o hash seria: **334d4a4c42fdb79d7ebc3e73b517e6fbc5e1b8d3a5d6e2f0b0e4e5e7c9b5c0d1**

Nós: Estrutura e Função na Rede

Os nós são os componentes vitais que mantêm a rede blockchain. Eles verificam transações, armazenam cópias da blockchain e participam do consenso.

1. **Nós Completo**:
    - Armazena uma cópia completa da blockchain.
    - Verifica todas as transações e blocos.
    - Participa do processo de consenso.

2. **Nós Leve**:

    - Armazena apenas uma parte da blockchain.
    - Depende de nós completos para validação.
    - Utiliza menos recursos computacionais.

3. **Nós Mineradores**:

    - Competem para resolver problemas criptográficos complexos.
    - Adicionam novos blocos à blockchain.
    - Recebem recompensas em criptomoeda.

Exemplo de Rede de Nós:

Em uma rede Bitcoin, os nós completos podem ser comparados a bibliotecas que armazenam todos os livros (blocos) da história, enquanto os nós leves são como leitores que acessam apenas os livros que precisam, e os nós mineradores são como escritores que adicionam novos livros à biblioteca.

Aplicações da Blockchain Além das Criptomoedas

Cadeia de Suprimentos

A blockchain pode ser usada para melhorar a transparência e a rastreabilidade na cadeia de suprimentos. Cada etapa do processo de produção e distribuição pode ser registrada na blockchain, permitindo que todos os participantes da cadeia tenham acesso a um registro imutável e verificável. Isso pode ajudar a prevenir fraudes, garantir a autenticidade dos produtos e melhorar a eficiência operacional.

Exemplo: A IBM, em parceria com a Maersk, desenvolveu a plataforma TradeLens, que utiliza blockchain para rastrear contêineres de carga em tempo real. Isso permite que todas as partes interessadas, desde fabricantes até transportadoras e autoridades alfandegárias, tenham uma visão única e transparente do status dos envios.

Votação Digital

A votação digital é outra área onde a blockchain pode ter um impacto significativo. A tecnologia pode ser usada para criar sistemas de votação seguros e transparentes, onde cada voto é registrado de maneira imutável e pode ser verificado por qualquer pessoa. Isso pode ajudar a prevenir fraudes eleitorais e aumentar a confiança no processo democrático.

Exemplo: Em 2018, a cidade de Zug, na Suíça, realizou uma votação piloto usando blockchain. Os cidadãos puderam votar em questões locais usando seus smartphones, e os votos foram registrados na blockchain para garantir a integridade e a transparência do processo.

Contratos Inteligentes

Os contratos inteligentes são programas autoexecutáveis que funcionam exatamente como foram programados, sem possibilidade de fraude ou interferência de terceiros. Eles podem ser usados para automatizar uma vasta gama de processos, desde acordos financeiros até a gestão de propriedade intelectual.

Exemplo: A plataforma Ethereum permite a criação de contratos inteligentes que podem automatizar processos como empréstimos, seguros e gestão de ativos. Por exemplo, um contrato inteligente pode ser programado para liberar fundos automaticamente quando certas condições são atendidas, eliminando a necessidade de intermediários.

Conclusão

A tecnologia blockchain é uma inovação revolucionária que tem o potencial de transformar uma ampla gama de indústrias além das criptomoedas. Desde a melhoria da transparência na cadeia de suprimentos até a criação de sistemas de votação digital seguros e a automação de processos através de contratos inteligentes, as aplicações da blockchain são vastas e variadas. No entanto, a tecnologia ainda enfrenta desafios significativos, incluindo escalabilidade, segurança e regulação. À medida que a tecnologia evolui e amadurece, é provável que vejamos um impacto ainda maior da blockchain na sociedade e na economia global.

Capítulo 3: Principais Criptomoedas e Suas Características

Introdução

Desde o surgimento do Bitcoin, muitas outras criptomoedas foram desenvolvidas, cada uma com características e propósitos únicos. Este capítulo apresenta as principais criptomoedas, incluindo Bitcoin (BTC), Ethereum (ETH), Ripple (XRP), Litecoin (LTC) e outras relevantes. Para cada criptomoeda, forneceremos uma descrição detalhada, suas características únicas, casos de uso e o impacto no mercado financeiro.

Bitcoin (BTC)

Descrição

Bitcoin é a primeira e mais conhecida criptomoeda, criada por Satoshi Nakamoto em 2009. É uma moeda digital descentralizada que permite transações peer-to-peer sem a necessidade de intermediários. O Bitcoin opera em uma rede blockchain, onde todas as transações são registradas de maneira transparente e imutável. Desde sua criação, o Bitcoin tem sido pioneiro na revolução das criptomoedas, estabelecendo a base para o desenvolvimento de milhares de outras criptomoedas.

O conceito de Bitcoin foi introduzido através de um white paper intitulado "Bitcoin: A Peer-to-Peer Electronic Cash System". Satoshi Nakamoto descreveu um sistema financeiro que não dependia de intermediários como bancos ou governos, mas sim de uma rede descentralizada de computadores. Este sistema permitiria transações seguras e verificáveis, resolvendo o problema do "gasto duplo" através do uso de prova criptográfica.

A primeira transação de Bitcoin foi realizada em 12 de janeiro de 2009, quando Satoshi Nakamoto enviou 10 BTC para Hal Finney, um desenvolvedor e criptógrafo. Desde então, o

Bitcoin cresceu exponencialmente em termos de adoção e valor, tornando-se um ativo financeiro significativo e uma reserva de valor reconhecida globalmente.

Características Únicas

1. **Descentralização**: Bitcoin é completamente descentralizado, sem uma autoridade central controlando a rede. Isso significa que nenhuma entidade única, como um banco central ou governo, pode manipular ou controlar o Bitcoin. A descentralização é garantida pela participação de milhares de nós (computadores) em todo o mundo que validam e registram transações na blockchain. Esta característica torna o Bitcoin resistente à censura e à interferência governamental.

Exemplo: Em países com regimes autoritários ou economias instáveis, o Bitcoin tem sido utilizado como uma alternativa ao sistema financeiro tradicional, permitindo que os cidadãos mantenham e transfiram valor sem o risco de confisco ou depreciação da moeda local.

2. **Oferta Limitada**: O fornecimento total de Bitcoin é limitado a 21 milhões de moedas, o que contribui para sua escassez e valor. Esta limitação é codificada no protocolo do Bitcoin e não pode ser alterada, garantindo que nunca haverá mais de 21 milhões de Bitcoins em circulação. A oferta limitada contrasta com as moedas fiduciárias, que podem ser inflacionadas através da impressão de dinheiro pelos bancos centrais.

Análise: A escassez do Bitcoin é frequentemente comparada ao ouro, que também tem uma oferta limitada. Esta característica faz do Bitcoin uma reserva de valor atrativa, especialmente em tempos de inflação ou incerteza econômica.

3. **Prova de Trabalho (PoW)**: Utiliza o algoritmo de consenso PoW, onde os mineradores competem para resolver

problemas matemáticos complexos e validar transações. Este processo, conhecido como mineração, requer uma quantidade significativa de poder computacional e energia. A recompensa para os mineradores é um incentivo financeiro na forma de novos Bitcoins e taxas de transação.

Exemplo: A mineração de Bitcoin é uma indústria global, com grandes operações de mineração localizadas em países como China, Estados Unidos e Rússia. Estas operações utilizam hardware especializado (ASICs) para maximizar a eficiência na resolução dos problemas matemáticos necessários para adicionar novos blocos à blockchain.

4. **Segurança**: A rede Bitcoin é altamente segura devido à sua descentralização e ao uso de criptografia avançada. Cada transação é verificada por vários nós na rede e registrada de maneira imutável na blockchain. A segurança é ainda reforçada

pelo grande poder computacional da rede, que torna ataques como o de 51% extremamente difíceis e caros de executar.

Análise: A segurança do Bitcoin é uma das razões pelas quais ele é amplamente aceito como uma reserva de valor. A confiança na integridade da rede é essencial para a adoção contínua e o crescimento do Bitcoin.

Casos de Uso

1. **Reserva de Valor**: Bitcoin é frequentemente comparado ao ouro digital, sendo usado como uma reserva de valor e proteção contra a inflação. Investidores compram e mantêm Bitcoin como uma forma de diversificação de portfólio e proteção contra a depreciação das moedas fiduciárias.

Exemplo: Grandes empresas como MicroStrategy e Tesla investiram bilhões de dólares em Bitcoin como parte de suas estratégias de tesouraria. Fundos de hedge e investidores institucionais também começaram a incluir Bitcoin em seus portfólios como um ativo não correlacionado.

2. **Transações Internacionais**: Permite transferências rápidas e baratas de valor entre países, sem a necessidade de intermediários. O Bitcoin elimina a necessidade de bancos e serviços de remessa, reduzindo significativamente os custos e tempos de transferência.

Exemplo: Em países como El Salvador, onde o Bitcoin foi adotado como moeda legal, os cidadãos podem enviar e receber remessas internacionais sem pagar as altas taxas cobradas pelos serviços tradicionais de transferência de dinheiro.

3. **Meio de Pagamento**: Algumas empresas aceitam Bitcoin como forma de pagamento por produtos e serviços. Embora o uso do Bitcoin como meio de pagamento ainda seja limitado devido à sua volatilidade, ele

continua a ganhar aceitação em várias indústrias.

Exemplo: Empresas como Microsoft, Overstock e AT&T aceitam Bitcoin como forma de pagamento. Além disso, plataformas de pagamento como PayPal e Square permitem que os usuários comprem, vendam e usem Bitcoin para transações diárias.

Impacto no Mercado Financeiro

Bitcoin revolucionou o mercado financeiro ao introduzir o conceito de dinheiro descentralizado. Ele desafiou o sistema bancário tradicional e abriu caminho para o desenvolvimento de outras criptomoedas e tecnologias blockchain. A crescente aceitação institucional e o interesse dos investidores continuam a impulsionar seu valor e adoção.

1. **Desafios ao Sistema Bancário Tradicional**: Bitcoin oferece uma alternativa ao sistema bancário tradicional, permitindo que indivíduos

mantenham e transfiram valor sem a necessidade de intermediários. Isso tem implicações significativas para bancos e instituições financeiras, que podem ver suas funções tradicionais desafiadas por esta nova tecnologia.

Análise: A adoção do Bitcoin por grandes instituições financeiras, como JP Morgan e Goldman Sachs, que agora oferecem produtos de investimento em Bitcoin, é um sinal de que o mercado financeiro tradicional está começando a reconhecer e adaptar-se a esta nova realidade.

2. **Desenvolvimento de Outras Criptomoedas**: O sucesso do Bitcoin inspirou o desenvolvimento de milhares de outras criptomoedas, cada uma tentando melhorar ou expandir os conceitos introduzidos pelo Bitcoin. Isso levou à criação de um ecossistema vibrante de criptomoedas e tecnologias blockchain, com aplicações que vão além das transações financeiras.

Exemplo: Ethereum, a segunda maior criptomoeda por capitalização de mercado, expandiu o conceito de blockchain para incluir contratos inteligentes e aplicativos descentralizados, abrindo novas possibilidades para a tecnologia.

3. **Aceitação Institucional**: A aceitação do Bitcoin por grandes instituições financeiras e empresas de tecnologia tem sido um fator chave para sua adoção e valorização. Investidores institucionais veem o Bitcoin como uma reserva de valor legítima e um hedge contra a inflação, enquanto empresas de tecnologia exploram seu potencial para pagamentos e transferências de valor.

Exemplo: Em 2020, PayPal anunciou que permitiria aos seus usuários comprar, vender e manter Bitcoin, bem como usá-lo para pagar por produtos e serviços. Este movimento foi visto como um grande passo para a adoção mainstream do Bitcoin.

4. **Regulação e Legislação**: A crescente popularidade do Bitcoin também atraiu a atenção de reguladores em todo o mundo. Governos estão tentando encontrar um equilíbrio entre promover a inovação e proteger os consumidores, resultando em uma variedade de abordagens regulatórias.

Análise: A regulação do Bitcoin varia de país para país. Enquanto alguns, como o Japão e a Suíça, adotaram regulamentações favoráveis, outros, como a China e a Índia, impuseram restrições severas. A clareza regulatória será crucial para a adoção contínua do Bitcoin.

Ethereum (ETH)

Descrição

Ethereum é uma plataforma descentralizada que permite a criação de contratos inteligentes e aplicativos descentralizados (dApps). Foi proposta por Vitalik Buterin em 2013 e lançada em 2015. A criptomoeda nativa da plataforma é o Ether (ETH), que é usado para pagar taxas de transação e serviços na rede Ethereum. A visão de Buterin era criar uma plataforma que fosse mais do que apenas uma moeda digital, permitindo a execução de código de maneira descentralizada e segura.

Ethereum é frequentemente descrito como uma "computadora mundial" devido à sua capacidade de executar contratos inteligentes em uma rede global de nós. Esses contratos são programas autoexecutáveis que funcionam exatamente como programados, sem possibilidade de fraude ou interferência de terceiros. A flexibilidade e a funcionalidade oferecidas pela plataforma Ethereum abriram novas possibilidades para a inovação tecnológica e a criação de aplicativos descentralizados.

Características Únicas

1. **Contratos Inteligentes**: Permite a criação de contratos autoexecutáveis que funcionam exatamente como

programados, sem possibilidade de fraude ou interferência de terceiros. Contratos inteligentes são escritos em linguagens de programação específicas, como Solidity, e são executados na Máquina Virtual Ethereum (EVM). Eles podem automatizar uma vasta gama de processos, desde acordos financeiros até a gestão de propriedade intelectual.

Exemplo: Um contrato inteligente pode ser programado para liberar fundos automaticamente quando certas condições são atendidas, como a entrega de um produto ou a conclusão de um serviço. Isso elimina a necessidade de intermediários, reduzindo custos e aumentando a eficiência.

2. **Máquina Virtual Ethereum (EVM)**: Um ambiente de execução que permite a execução de contratos inteligentes na rede Ethereum. A EVM é uma máquina de estado que lê e executa instruções de contrato inteligente, garantindo que eles

sejam executados de maneira consistente e segura em toda a rede.

Análise: A EVM abstrai a complexidade da execução de contratos inteligentes, permitindo que os desenvolvedores se concentrem na lógica de seus aplicativos. Isso facilitou a criação de uma ampla gama de dApps e contratos inteligentes, impulsionando a inovação na plataforma Ethereum.

3. **Prova de Participação (PoS)**: Ethereum está em transição do algoritmo PoW para PoS, com o objetivo de melhorar a escalabilidade e a eficiência energética. O PoS seleciona validadores com base na quantidade de ETH que possuem e estão dispostos a "apostar" como garantia. Isso reduz a necessidade de poder computacional intensivo e torna a rede mais sustentável.

Exemplo: A transição para PoS, conhecida como Ethereum 2.0, está sendo implementada em fases. A fase inicial, chamada de Beacon Chain, já está em operação e introduz a cadeia de PoS, que funcionará em paralelo à rede existente até a fusão completa.

4. **DApps**: Suporta uma ampla gama de aplicativos descentralizados, desde finanças até jogos e redes sociais. Os dApps são executados na rede Ethereum e utilizam contratos inteligentes para fornecer funcionalidades descentralizadas e seguras.

Exemplo: Uniswap, um dos maiores dApps no Ethereum, é um protocolo de troca descentralizada (DEX) que permite aos usuários trocar tokens diretamente de suas carteiras sem a necessidade de um intermediário centralizado. Outro exemplo é o CryptoKitties, um jogo baseado em blockchain onde os jogadores podem colecionar e criar gatos digitais únicos.

Casos de Uso

1. **Finanças Descentralizadas (DeFi)**: Ethereum é a principal plataforma para

aplicativos DeFi, que oferecem serviços financeiros descentralizados, como empréstimos, poupanças e negociações. DeFi permite que os usuários acessem serviços financeiros sem a necessidade de intermediários tradicionais, como bancos.

Exemplo: Compound é um protocolo DeFi que permite aos usuários emprestar e tomar emprestado criptomoedas. Os usuários podem depositar ativos em pools de liquidez e ganhar juros, ou tomar emprestado contra seus ativos depositados. Outro exemplo é MakerDAO, que permite a criação de DAI, uma stablecoin descentralizada atrelada ao valor do dólar americano.

2. **Tokens Não Fungíveis (NFTs)**: Ethereum é amplamente utilizado para criar e negociar NFTs, que são ativos digitais únicos representando propriedade de itens digitais ou físicos. NFTs têm aplicações em arte digital, colecionáveis, jogos e muito mais.

Exemplo: O mercado de arte digital explodiu com a popularidade dos NFTs. Artistas podem tokenizar suas obras de arte e vendê-las diretamente aos colecionadores. Um exemplo notável é a venda da obra "Everydays: The First 5000 Days" do artista Beeple, que foi leiloada por $69 milhões na Christie's.

3. **Organizações Autônomas Descentralizadas (DAOs)**: Permite a criação de DAOs, que são organizações governadas por contratos inteligentes, sem necessidade de uma autoridade central. DAOs operam de maneira transparente e democrática, com decisões sendo tomadas por meio de votação de token holders.

Exemplo: A DAO, uma das primeiras e mais famosas DAOs, foi criada em 2016 para atuar como um fundo de capital de risco descentralizado. Embora tenha sido hackeada devido a uma vulnerabilidade no código, o conceito de DAO continuou a evoluir. Hoje, DAOs como MolochDAO e AragonDAO estão explorando novas formas de governança descentralizada.

Impacto no Mercado Financeiro

Ethereum expandiu significativamente o escopo das criptomoedas ao introduzir contratos inteligentes e dApps. Ele permitiu a criação de um ecossistema vibrante de serviços financeiros descentralizados e ativos digitais, desafiando ainda mais o sistema financeiro tradicional e promovendo a inovação tecnológica.

1. **Desafios ao Sistema Financeiro Tradicional**: Ethereum e os aplicativos DeFi desafiam o sistema financeiro tradicional ao oferecer alternativas descentralizadas para serviços financeiros. Isso inclui empréstimos, negociações, seguros e muito mais, tudo sem a necessidade de intermediários.

Análise: A crescente popularidade dos aplicativos DeFi está forçando bancos e instituições financeiras a reconsiderar seus modelos de negócios. Alguns estão começando a explorar a integração de tecnologias blockchain para melhorar a eficiência e reduzir custos.

2. **Inovação Tecnológica**: Ethereum impulsionou a inovação tecnológica ao permitir a criação de contratos inteligentes e dApps. Isso abriu novas possibilidades para a automação de processos, a criação de novos modelos de negócios e a democratização do acesso a serviços financeiros.

Exemplo: A tecnologia de contratos inteligentes está sendo explorada em várias indústrias, incluindo seguros, saúde e imobiliário. Por exemplo, empresas de seguros estão utilizando contratos inteligentes para automatizar o processamento de sinistros, enquanto plataformas de saúde estão explorando o uso de blockchain para gerenciar registros médicos de maneira segura e transparente.

3. **Adoção Institucional**: Ethereum está ganhando aceitação entre investidores institucionais e empresas de tecnologia. Grandes empresas estão explorando o uso de contratos inteligentes e blockchain para melhorar a eficiência e criar novos produtos e serviços.

Exemplo: A gigante de tecnologia Microsoft está utilizando a plataforma Ethereum para seu serviço Azure Blockchain, que permite às empresas criar, gerenciar e expandir redes de blockchain. Além disso, o banco de investimentos JPMorgan desenvolveu a Quorum, uma versão privada do Ethereum, para suas próprias necessidades de blockchain.

4. **Regulação e Legislação**: A crescente popularidade e uso de Ethereum também estão atraindo a atenção dos reguladores. Governos estão tentando equilibrar a promoção da inovação com a proteção dos consumidores e a prevenção de atividades ilícitas.

Análise: A regulação do Ethereum e dos aplicativos DeFi varia de país para país. A clareza regulatória será crucial para a adoção contínua e o crescimento do ecossistema Ethereum. Reguladores estão explorando como as leis existentes se aplicam a contratos inteligentes e DAOs, e como novas regulamentações podem ser desenvolvidas para abordar os desafios únicos apresentados por essas tecnologias.

Como se pode observar, o Ethereum é uma plataforma revolucionária que expandiu significativamente o escopo das criptomoedas ao introduzir contratos inteligentes e dApps. Suas características únicas, como a Máquina Virtual Ethereum e a transição para Prova de Participação, tornam-na uma plataforma versátil e inovadora. Os casos de uso do Ethereum, desde finanças descentralizadas até tokens não fungíveis e organizações autônomas descentralizadas, destacam sua capacidade de transformar várias indústrias.

O impacto do Ethereum no mercado financeiro é profundo, desafiando o sistema financeiro tradicional, promovendo a inovação tecnológica e ganhando aceitação institucional. À medida que a regulação evolui e a tecnologia amadurece, o Ethereum está posicionado para desempenhar um papel cada vez mais significativo no futuro das finanças globais e na democratização do acesso a serviços financeiros.

Ripple (XRP)

Descrição

Ripple é uma plataforma de pagamento digital e protocolo de código aberto que permite transações rápidas e baratas entre diferentes moedas. Foi criada pela Ripple Labs em 2012. A criptomoeda nativa da rede Ripple é o XRP, que é usada para facilitar transferências de valor.

Características Únicas

1. **Transações Rápidas**: Ripple permite transações quase instantâneas, com

tempos de confirmação de apenas alguns segundos.

2. **Baixas Taxas de Transação**: As taxas de transação na rede Ripple são extremamente baixas, tornando-a ideal para transferências internacionais.

3. **Protocolo de Consenso**: Utiliza um protocolo de consenso diferente, onde validadores independentes concordam sobre a ordem e validade das transações.

4. **Integração Bancária**: Ripple é projetado para ser compatível com sistemas bancários existentes, facilitando a integração com bancos e instituições financeiras.

Casos de Uso

1. **Transferências Internacionais**: Ripple é usado por bancos e instituições financeiras para facilitar transferências internacionais rápidas e baratas.

2. **Liquidação de Pagamentos**: XRP é usado como uma moeda intermediária para liquidar pagamentos entre diferentes moedas.

3. **Remessas**: Ripple é utilizado para serviços de remessas, permitindo que indivíduos enviem dinheiro para o exterior de maneira rápida e econômica.

Impacto no Mercado Financeiro

Ripple tem um impacto significativo no setor de pagamentos internacionais, oferecendo uma alternativa eficiente e econômica aos sistemas de pagamento tradicionais. Sua tecnologia é adotada por vários bancos e instituições financeiras, destacando seu potencial de transformar o mercado de transferências internacionais.

Litecoin (LTC)

Descrição

Litecoin é uma criptomoeda criada por Charlie Lee em 2011 como uma "versão prateada" do

Bitcoin. É uma moeda digital descentralizada que permite transações rápidas e baratas. Litecoin é baseada no protocolo Bitcoin, mas com algumas diferenças técnicas que melhoram sua eficiência.

Características Únicas

1. **Tempo de Bloco Rápido**: Litecoin tem um tempo de bloco de 2,5 minutos, em comparação com os 10 minutos do Bitcoin, permitindo transações mais rápidas.

2. **Algoritmo de Mineração Scrypt**: Utiliza o algoritmo Scrypt para mineração, que é mais acessível a mineradores individuais em comparação com o algoritmo SHA-256 do Bitcoin.

3. **Oferta Maior**: O fornecimento total de Litecoin é de 84 milhões de moedas, quatro vezes maior que o do Bitcoin.

4. **Segurança**: Litecoin é uma rede altamente segura, beneficiando-se de uma base de código robusta e uma comunidade ativa de desenvolvedores.

Casos de Uso

1. **Transações Diárias**: Litecoin é frequentemente usado para transações diárias devido às suas taxas baixas e tempos de confirmação rápidos.

2. **Reserva de Valor**: Embora menos popular que o Bitcoin, Litecoin também é usado como uma reserva de valor.

3. **Pagamentos Online**: Vários comerciantes e plataformas aceitam Litecoin como forma de pagamento, ampliando sua utilidade.

Impacto no Mercado Financeiro

Litecoin é uma das criptomoedas mais antigas e respeitadas, frequentemente vista como uma alternativa eficiente ao Bitcoin. Sua rápida confirmação de transações e baixas taxas a tornam uma escolha popular para pagamentos diários e transferências de valor.

Outras Criptomoedas Relevantes

Cardano (ADA)

Descrição

Cardano é uma plataforma de blockchain de terceira geração que visa resolver os problemas de escalabilidade, interoperabilidade e sustentabilidade das criptomoedas anteriores. Foi criada por Charles Hoskinson, cofundador do Ethereum, e lançada em 2017. A criptomoeda nativa da plataforma é o ADA.

Características Únicas

1. **Prova de Participação (PoS)**: Utiliza o algoritmo de consenso Ouroboros, um protocolo PoS projetado para ser seguro e eficiente.

2. **Desenvolvimento Científico**: Cardano adota uma abordagem baseada em pesquisa científica, com revisões por pares e métodos formais para garantir a segurança e a escalabilidade.

3. **Camadas Separadas**: A arquitetura de Cardano é dividida em duas camadas: a

camada de liquidação (para transações) e a camada computacional (para contratos inteligentes).

4. **Interoperabilidade**: Cardano visa facilitar a interoperabilidade entre diferentes blockchains e sistemas financeiros tradicionais.

Casos de Uso

1. **Contratos Inteligentes**: Cardano permite a criação de contratos inteligentes seguros e escaláveis.

2. **Identidade Digital**: A plataforma pode ser usada para criar sistemas de identidade digital seguros e verificáveis.

3. **Gestão de Cadeia de Suprimentos**: Cardano pode ser utilizado para rastrear produtos e garantir a autenticidade na cadeia de suprimentos.

Impacto no Mercado Financeiro

Cardano é uma das plataformas de blockchain mais promissoras, com um foco forte em segurança, escalabilidade e sustentabilidade. Sua abordagem científica e seu compromisso com a inovação contínua a tornam uma candidata forte para aplicações de blockchain de próxima geração.

Polkadot (DOT)

Descrição

Polkadot é uma plataforma de blockchain que facilita a interoperabilidade entre diferentes blockchains. Foi criada por Gavin Wood, cofundador do Ethereum, e lançada em 2020. A criptomoeda nativa da plataforma é o DOT.

Características Únicas

1. **Interoperabilidade**: Polkadot permite que diferentes blockchains se comuniquem e compartilhem informações, facilitando a interoperabilidade entre redes.
2. **Escalabilidade**: Utiliza uma arquitetura de parachains, onde múltiplas cadeias

paralelas podem processar transações simultaneamente, melhorando a escalabilidade.

3. **Governança Descentralizada**: Os detentores de DOT têm um papel ativo na governança da rede, incluindo a tomada de decisões sobre atualizações e mudanças de protocolo.

4. **Segurança Compartilhada**: Polkadot oferece segurança compartilhada entre todas as parachains conectadas, garantindo a integridade da rede.

Casos de Uso

1. **Interoperabilidade de Blockchain**: Polkadot facilita a comunicação entre diferentes blockchains, permitindo a transferência de dados e ativos.

2. **Desenvolvimento de DApps**: A plataforma suporta a criação de aplicativos descentralizados que podem operar em várias blockchains.

3. **Governança Descentralizada**: Polkadot permite a criação de sistemas de governança descentralizada, onde os detentores de tokens têm voz ativa nas decisões da rede.

Impacto no Mercado Financeiro

Polkadot é uma das plataformas de blockchain mais inovadoras, com um foco forte em interoperabilidade e escalabilidade. Sua capacidade de conectar diferentes blockchains e facilitar a comunicação entre elas a torna uma peça-chave no ecossistema de blockchain.

Chainlink (LINK)

Descrição

Chainlink é uma rede de oráculos descentralizada que conecta contratos inteligentes com dados do mundo real. Foi criada por Sergey Nazarov e Steve Ellis em 2017. A criptomoeda nativa da plataforma é o LINK.

Características Únicas

1. **Oráculos Descentralizados**: Chainlink fornece oráculos descentralizados que permitem que contratos inteligentes acessem dados externos de maneira segura e confiável.

2. **Segurança e Confiabilidade**: Utiliza múltiplas fontes de dados e mecanismos de consenso para garantir a precisão e a confiabilidade dos dados fornecidos aos contratos inteligentes.

3. **Integração com Vários Blockchains**: Chainlink é compatível com várias plataformas de blockchain, incluindo Ethereum, Binance Smart Chain e Polkadot.

4. **Economia de Tokens**: Os detentores de LINK são incentivados a fornecer dados precisos e confiáveis, recebendo recompensas em tokens LINK.

Casos de Uso

1. **Contratos Inteligentes**: Chainlink permite que contratos inteligentes acessem dados do mundo real, como preços de ativos, condições climáticas e resultados esportivos.

2. **Finanças Descentralizadas (DeFi)**: Chainlink é amplamente utilizado em aplicativos DeFi para fornecer dados de preços precisos e confiáveis.

3. **Seguros**: A rede de oráculos pode ser usada para automatizar pagamentos de seguros com base em dados externos, como registros de desastres naturais.

Impacto no Mercado Financeiro

Chainlink desempenha um papel crucial no ecossistema de contratos inteligentes, fornecendo a infraestrutura necessária para que esses contratos acessem dados externos de maneira segura e confiável. Sua rede de oráculos descentralizada é amplamente adotada em aplicativos DeFi, destacando sua importância no mercado financeiro.

Conclusão

As criptomoedas apresentadas neste capítulo representam uma amostra das inovações e desenvolvimentos no espaço das criptomoedas e blockchain. Cada uma delas possui características únicas e casos de uso específicos que contribuem para a diversidade e a riqueza do ecossistema de criptomoedas. Desde o Bitcoin, que introduziu o conceito de dinheiro descentralizado, até plataformas como Ethereum, Cardano e Polkadot, que expandiram as possibilidades de contratos inteligentes e interoperabilidade, as criptomoedas continuam a desafiar e transformar o sistema financeiro global.

À medida que novas criptomoedas e tecnologias emergem, é essencial continuar explorando e compreendendo suas características e impactos. A evolução contínua deste espaço promete trazer ainda mais inovação e oportunidades para investidores, desenvolvedores e usuários em todo o mundo.

Capítulo 4: Como Investir em Criptomoedas

Introdução

Investir em criptomoedas pode ser uma oportunidade emocionante e potencialmente lucrativa, mas também envolve riscos significativos. Este capítulo fornece um guia completo sobre como investir em criptomoedas, incluindo estratégias de investimento, análise técnica e fundamentalista, e a escolha das plataformas de negociação e corretoras. Discutiremos os riscos e recompensas associados ao investimento em criptomoedas e forneceremos dicas práticas para iniciantes e investidores experientes.

Estratégias de Investimento

Investimento de Longo Prazo (HODLing)

A estratégia de HODLing envolve comprar criptomoedas e mantê-las por um longo período, independentemente das flutuações de preço de curto prazo. O termo "HODL" originou-se de um erro de digitação em um fórum de Bitcoin, mas tornou-se um acrônimo para "Hold On for Dear Life".

Exemplo: Investidores que compraram Bitcoin em seus primeiros anos e mantiveram suas posições até hoje viram retornos exponenciais. Essa estratégia é baseada na crença de que o valor das criptomoedas aumentará significativamente ao longo do tempo devido à adoção crescente e à escassez.

Análise: HODLing é uma estratégia relativamente simples e pode ser menos estressante do que tentar cronometrar o mercado. No entanto, requer paciência e a capacidade de resistir às flutuações de preço de curto prazo.

Trading de Curto Prazo

O trading de curto prazo envolve a compra e venda de criptomoedas em um período curto, que pode variar de minutos a semanas. Esta estratégia se baseia em aproveitar as flutuações de preço de curto prazo para obter lucros rápidos.

Exemplo: Um trader de curto prazo pode comprar Bitcoin quando ele cai para um nível de suporte e vendê-lo quando atinge um nível de resistência, repetindo esse processo várias vezes.

Análise: O trading de curto prazo pode ser altamente lucrativo, mas também é arriscado e requer um conhecimento profundo do mercado, habilidades analíticas e disciplina. Traders de curto prazo precisam estar atentos às tendências do mercado e usar ferramentas de análise técnica para tomar decisões informadas.

Diversificação de Portfólio

Diversificação envolve a distribuição de investimentos em várias criptomoedas para reduzir o risco. Em vez de colocar todo o capital em uma única criptomoeda, os investidores diversificam seu portfólio para incluir várias moedas com diferentes casos de uso e potencial de crescimento.

Exemplo: Um portfólio diversificado pode incluir Bitcoin, Ethereum, Ripple, Litecoin e outras criptomoedas promissoras. Isso ajuda a mitigar o risco de uma moeda específica falhar.

Análise: A diversificação é uma estratégia fundamental para gerenciar riscos e maximizar retornos. No entanto, é importante pesquisar e selecionar criptomoedas com fundamentos sólidos e evitar a diversificação excessiva, que pode diluir os retornos.

Investimento em ICOs e IDOs

As Ofertas Iniciais de Moedas (ICOs) e as Ofertas Iniciais Descentralizadas (IDOs) são métodos de financiamento coletivo onde novos projetos de criptomoedas vendem tokens para levantar capital. Investir em ICOs e IDOs pode ser altamente lucrativo, mas também envolve riscos significativos.

Exemplo: Ethereum foi lançado através de uma ICO em 2014, e os investidores iniciais viram retornos massivos à medida que o projeto cresceu.

Análise: Investir em ICOs e IDOs requer uma pesquisa cuidadosa para identificar projetos legítimos com potencial de crescimento. Muitos ICOs e IDOs falharam ou foram fraudes, resultando em perdas significativas para os investidores. É crucial avaliar a equipe, o white paper, a tecnologia e a viabilidade do projeto antes de investir.

Análise Técnica

Indicadores Técnicos

Indicadores técnicos são ferramentas usadas para analisar dados históricos de preços e volumes de negociação para prever movimentos futuros de preços. Alguns dos indicadores técnicos mais comuns incluem:

1. **Médias Móveis (MA)**: Indicadores que suavizam os dados de preços para

identificar a direção da tendência. As médias móveis simples (SMA) e exponenciais (EMA) são amplamente usadas.

Exemplo: Uma cruz de ouro ocorre quando a média móvel de curto prazo (por exemplo, 50 dias) cruza acima da média móvel de longo prazo (por exemplo, 200 dias), sinalizando uma possível tendência de alta.

2. **Índice de Força Relativa (RSI)**: Um oscilador que mede a velocidade e a mudança dos movimentos de preço para identificar condições de sobrecompra ou sobrevenda.

Exemplo: Um RSI acima de 70 indica que o ativo pode estar sobrecomprado, enquanto um RSI abaixo de 30 sugere que o ativo pode estar sobrevendido.

3. **Bandas de Bollinger**: Indicadores que consistem em uma média móvel central e duas bandas de desvio padrão acima e

abaixo da média móvel. Eles ajudam a identificar volatilidade e possíveis reversões de tendência.

Exemplo: Quando o preço se aproxima da banda superior, o ativo pode estar sobrecomprado, enquanto a aproximação da banda inferior pode indicar sobrevenda.

Padrões de Gráficos

Os padrões de gráficos são formações visuais nos gráficos de preços que ajudam a prever movimentos futuros de preços. Alguns padrões comuns incluem:

1. **Cabeça e Ombros**: Um padrão de reversão que indica uma mudança na tendência de alta para baixa.

Exemplo: O padrão consiste em três picos, com o pico central (cabeça) sendo o mais alto e os dois picos laterais (ombros) sendo mais baixos e aproximadamente iguais.

2. **Triângulos**: Padrões de continuação que indicam uma pausa na tendência antes de continuar na mesma direção.

Exemplo: Um triângulo ascendente é formado por uma linha de resistência horizontal e uma linha de suporte ascendente, sugerindo uma possível ruptura para cima.

3. **Bandeiras e Flâmulas**: Padrões de continuação que indicam uma breve consolidação antes de continuar na direção da tendência anterior.

Exemplo: Uma bandeira de alta é formada por uma pequena correção descendente após um movimento de alta acentuado, sinalizando uma continuação da tendência de alta.

Análise Fundamentalista

Avaliação do Projeto

A análise fundamentalista envolve a avaliação dos fundamentos de um projeto de criptomoeda para determinar seu valor intrínseco. Isso inclui a análise da equipe, da tecnologia, do white paper e do modelo de negócios.

1. **Equipe**: Avaliar a experiência e a credibilidade da equipe de desenvolvimento e dos consultores do projeto.

Exemplo: Projetos liderados por indivíduos com histórico comprovado em tecnologia blockchain e desenvolvimento de software têm maior probabilidade de sucesso.

2. **Tecnologia**: Examinar a tecnologia subjacente, incluindo a escalabilidade, a segurança e a inovação do projeto.

Exemplo: Ethereum é valorizado por sua tecnologia de contratos inteligentes e pela capacidade de hospedar dApps, o que o diferencia de outras criptomoedas.

3. **White Paper**: Analisar o white paper para entender a visão, a proposta de valor e o plano de execução do projeto.

Exemplo: O white paper do Bitcoin, escrito por Satoshi Nakamoto, apresentou uma solução inovadora para o problema do gasto duplo e detalhou a estrutura do protocolo Bitcoin.

4. **Modelo de Negócios**: Avaliar a viabilidade do modelo de negócios e o potencial de adoção do projeto.

Exemplo: Projetos que resolvem problemas reais e têm um mercado-alvo claro têm maior probabilidade de sucesso.

Parcerias e Adoção

A análise das parcerias estratégicas e da adoção do projeto pode fornecer insights sobre seu potencial de crescimento e sucesso a longo prazo.

Exemplo: Ripple (XRP) estabeleceu parcerias com várias instituições financeiras e bancos para facilitar transferências internacionais, aumentando sua adoção e valor.

Análise: Parcerias estratégicas com empresas estabelecidas podem aumentar a credibilidade e a visibilidade de um projeto de criptomoeda, atraindo mais investidores e usuários.

Escolha das Plataformas de Negociação e Corretoras

Exchanges Centralizadas (CEX)

As exchanges centralizadas são plataformas de negociação onde os usuários podem comprar, vender e trocar criptomoedas. Elas são operadas por empresas que atuam como intermediárias nas transações.

1. **Binance**: Uma das maiores exchanges de criptomoedas do mundo, oferecendo uma ampla variedade de pares de negociação, baixa taxa de transação e alta liquidez.

Exemplo: Binance oferece recursos avançados de negociação, como futuros e opções, além de serviços de staking e empréstimos.

2. **Coinbase**: Uma exchange popular nos Estados Unidos, conhecida por sua

interface amigável e forte conformidade regulatória.

Exemplo: Coinbase é uma escolha popular para iniciantes devido à sua facilidade de uso e à segurança robusta.

3. **Kraken**: Uma exchange bem estabelecida que oferece uma variedade de criptomoedas e recursos de negociação avançados.

Exemplo: Kraken é conhecida por sua segurança e suporte ao cliente, bem como por suas opções de negociação de margem.

Exchanges Descentralizadas (DEX)

As exchanges descentralizadas permitem a negociação direta entre pares (peer-to-peer) sem a necessidade de um intermediário centralizado. Elas são operadas por contratos inteligentes na blockchain.

1. **Uniswap**: Uma das maiores DEXs no Ethereum, permitindo a troca de tokens

ERC-20 diretamente de carteiras de usuários.

Exemplo: Uniswap utiliza um modelo de formador de mercado automatizado (AMM) para fornecer liquidez, permitindo que os usuários troquem tokens sem a necessidade de um livro de ordens tradicional.

2. **SushiSwap**: Uma DEX baseada em Ethereum que oferece recursos de negociação semelhantes aos da Uniswap, além de incentivos de staking e farming.

Exemplo: SushiSwap permite que os usuários ganhem recompensas adicionais ao fornecer liquidez e participar de pools de staking.

3. **PancakeSwap**: Uma DEX baseada na Binance Smart Chain (BSC), conhecida por suas baixas taxas de transação e alta velocidade.

Exemplo: PancakeSwap utiliza um modelo AMM semelhante ao da Uniswap, mas opera na BSC, oferecendo uma alternativa mais econômica para os usuários.

Riscos e Recompensas Associados ao Investimento em Criptomoedas

Volatilidade

A volatilidade é uma característica inerente das criptomoedas, com preços que podem flutuar drasticamente em curtos períodos. Embora a volatilidade possa oferecer oportunidades de lucro, também aumenta o risco de perdas significativas.

Exemplo: O preço do Bitcoin subiu de cerca de $7.000 em janeiro de 2020 para mais de $60.000 em abril de 2021, antes de cair novamente para cerca de $30.000 em junho de 2021.

Análise: Investidores devem estar preparados para a volatilidade e ter uma estratégia clara para gerenciar o risco, como definir limites de perda (stop-loss) e metas de lucro.

Segurança

A segurança é uma preocupação crucial ao investir em criptomoedas. Hackers podem atacar exchanges, carteiras e até mesmo contratos inteligentes, resultando em perdas significativas.

Exemplo: Em 2014, a exchange Mt. Gox foi hackeada, resultando na perda de 850.000 BTC e no fechamento da exchange.

Análise: Investidores devem adotar práticas de segurança robustas, como usar carteiras de hardware para armazenar criptomoedas, habilitar autenticação de dois fatores (2FA) e evitar compartilhar informações sensíveis.

Regulação

A regulação das criptomoedas varia de país para país e pode impactar significativamente o mercado. Regulamentações favoráveis podem promover a adoção, enquanto restrições severas podem limitar o crescimento.

Exemplo: Em 2021, a China intensificou sua repressão às criptomoedas, proibindo a mineração e limitando as transações, o que resultou em uma queda acentuada nos preços das criptomoedas.

Análise: Investidores devem acompanhar as mudanças regulatórias em seus países e considerar a diversificação geográfica para mitigar riscos regulatórios.

Recompensas Potenciais

Apesar dos riscos, as criptomoedas oferecem recompensas potenciais significativas. A adoção crescente, a inovação tecnológica e o interesse institucional podem impulsionar o valor das criptomoedas a longo prazo.

Exemplo: Investidores que compraram Bitcoin em seus primeiros anos e mantiveram suas posições viram retornos exponenciais, com o preço subindo de poucos dólares para dezenas de milhares de dólares.

Análise: A chave para capturar essas recompensas é a pesquisa diligente, a diversificação e a gestão de risco eficaz. Investidores devem estar dispostos a aceitar a volatilidade e ter uma visão de longo prazo.

Dicas Práticas para Iniciantes e Investidores Experientes

Para Iniciantes

1. **Educação**: Antes de investir, dedique tempo para aprender sobre criptomoedas, blockchain e estratégias de investimento. Utilize recursos online, cursos e livros para construir uma base sólida de conhecimento.

Exemplo: Plataformas como Coursera e Udemy oferecem cursos sobre blockchain e criptomoedas, enquanto livros como "Mastering Bitcoin" de Andreas M. Antonopoulos fornecem uma compreensão profunda da tecnologia.

2. **Comece Pequeno**: Inicie com um pequeno investimento que você está

disposto a perder. Isso permitirá que você aprenda e se familiarize com o mercado sem arriscar grandes somas de dinheiro.

Exemplo: Investir uma pequena quantia em Bitcoin ou Ethereum pode ser um bom ponto de partida para entender como funcionam as transações e o armazenamento de criptomoedas.

3. **Use Exchanges Confiáveis**: Escolha exchanges bem estabelecidas e seguras para comprar e vender criptomoedas. Verifique as avaliações, a segurança e a conformidade regulatória da exchange.

Exemplo: Coinbase e Binance são exchanges populares e confiáveis que oferecem uma interface amigável e medidas de segurança robustas.

4. **Diversifique**: Evite colocar todo o seu capital em uma única criptomoeda. Diversifique seu portfólio para incluir

várias criptomoedas com diferentes casos de uso e potencial de crescimento.

Exemplo: Um portfólio diversificado pode incluir Bitcoin, Ethereum, Ripple e outras criptomoedas promissoras.

Para Investidores Experientes

1. **Análise Técnica e Fundamentalista**: Utilize uma combinação de análise técnica e fundamentalista para tomar decisões informadas. Monitore indicadores técnicos, padrões de gráficos e fundamentos do projeto.

Exemplo: Use ferramentas como TradingView para análise técnica e sites como CoinMarketCap para análise fundamentalista.

2. **Gestão de Risco**: Defina limites de perda (stop-loss) e metas de lucro para gerenciar o risco. Não arrisque mais do que você pode perder e evite o overtrading.

Exemplo: Definir um stop-loss em 10% abaixo do preço de compra pode ajudar a limitar perdas em caso de queda de preço.

3. **Acompanhe as Notícias**: Mantenha-se informado sobre as últimas notícias e desenvolvimentos no mercado de criptomoedas. Eventos como atualizações de protocolo, parcerias e mudanças regulatórias podem impactar os preços.

Exemplo: Sites como CoinDesk e CoinTelegraph fornecem notícias e análises atualizadas sobre o mercado de criptomoedas.

4. **Aproveite as Oportunidades de Staking e DeFi**: Explore oportunidades de staking e DeFi para ganhar rendimentos adicionais sobre suas criptomoedas. Staking envolve bloquear criptomoedas para apoiar a rede e ganhar recompensas, enquanto DeFi oferece serviços financeiros descentralizados.

Exemplo: Plataformas como Aave e Compound permitem que os usuários emprestem e tomem emprestado criptomoedas, ganhando juros sobre seus ativos.

ETFs de Bitcoin

Introdução aos ETFs de Bitcoin

Os ETFs (Exchange-Traded Funds) de Bitcoin são veículos de investimento que permitem aos investidores ganhar exposição ao Bitcoin sem ter que possuir diretamente a criptomoeda. Esses fundos são negociados em bolsas de valores tradicionais, como ações, e representam uma maneira regulamentada e acessível de investir em Bitcoin.

Os ETFs de Bitcoin foram propostos pela primeira vez em 2013, mas enfrentaram vários obstáculos regulatórios antes de serem finalmente aprovados. O primeiro ETF de Bitcoin foi lançado no Canadá em fevereiro de 2021, seguido por outros países. Nos Estados Unidos, a aprovação de ETFs de Bitcoin foi um marco significativo, refletindo a crescente aceitação institucional da criptomoeda.

Funcionamento dos ETFs de Bitcoin

Os ETFs de Bitcoin funcionam de maneira semelhante aos ETFs tradicionais, mas em vez de rastrear um índice de ações ou uma cesta de ativos, eles rastreiam o preço do Bitcoin. Existem dois tipos principais de ETFs de Bitcoin:

1. **ETFs Físicos de Bitcoin**: Esses ETFs compram e armazenam Bitcoin diretamente. Cada ação do ETF representa uma quantidade específica de Bitcoin, e o preço das ações reflete o valor do Bitcoin mantido pelo fundo.

Exemplo: O Purpose Bitcoin ETF, lançado no Canadá, é um ETF físico que compra e armazena Bitcoin em nome de seus investidores. O fundo utiliza custodiantes seguros para armazenar o Bitcoin, garantindo que os ativos sejam protegidos contra roubo e perda.

2. **ETFs de Futuros de Bitcoin**: Esses ETFs investem em contratos futuros de Bitcoin em vez de comprar Bitcoin diretamente. Os contratos futuros são acordos para comprar ou vender Bitcoin a um preço predeterminado em uma data futura.

Exemplo: O ProShares Bitcoin Strategy ETF, lançado nos Estados Unidos, é um ETF de futuros que investe em contratos futuros de Bitcoin negociados na Chicago Mercantile Exchange (CME). O preço das ações do ETF é influenciado pelo preço dos contratos futuros de Bitcoin.

Vantagens dos ETFs de Bitcoin

Os ETFs de Bitcoin oferecem várias vantagens em comparação com a compra direta de Bitcoin:

1. **Acessibilidade**: ETFs de Bitcoin são negociados em bolsas de valores tradicionais, tornando-os acessíveis a investidores que podem não estar familiarizados com exchanges de criptomoedas ou carteiras digitais.

Exemplo: Investidores podem comprar ações de ETFs de Bitcoin através de contas de corretagem tradicionais, facilitando a inclusão de Bitcoin em portfólios de investimento diversificados.

2. **Regulação**: ETFs de Bitcoin são regulamentados pelas autoridades financeiras, proporcionando um nível adicional de segurança e transparência para os investidores.

Análise: A regulação dos ETFs de Bitcoin ajuda a proteger os investidores contra fraudes e manipulação de mercado, aumentando a confiança no investimento em criptomoedas.

3. **Custódia Segura**: ETFs de Bitcoin utilizam custodiantes profissionais para armazenar Bitcoin de forma segura, reduzindo o risco de roubo e perda.

Exemplo: O Purpose Bitcoin ETF utiliza custodiantes como Gemini Trust Company LLC para armazenar seu Bitcoin, garantindo que os ativos sejam protegidos por medidas de segurança robustas.

4. **Diversificação**: ETFs de Bitcoin permitem que os investidores diversifiquem seus portfólios sem a necessidade de gerenciar diretamente a compra e armazenamento de Bitcoin.

Exemplo: Investidores podem incluir ETFs de Bitcoin em suas carteiras junto com ações, títulos e outros ativos, diversificando suas exposições e reduzindo o risco geral.

Desvantagens dos ETFs de Bitcoin

Apesar das vantagens, os ETFs de Bitcoin também apresentam algumas desvantagens:

1. **Taxas de Administração**: ETFs de Bitcoin cobram taxas de administração que podem reduzir os retornos dos investidores ao longo do tempo.

Exemplo: O Purpose Bitcoin ETF cobra uma taxa de administração anual de 1%, o que pode impactar os retornos líquidos dos investidores.

2. **Tracking Error**: ETFs de Bitcoin podem não rastrear perfeitamente o preço do Bitcoin devido a fatores como taxas de administração, custos de transação e volatilidade dos contratos futuros.

Análise: O tracking error pode resultar em discrepâncias entre o desempenho do ETF e o preço do Bitcoin, potencialmente prejudicando os retornos dos investidores.

3. **Risco de Contango**: ETFs de futuros de Bitcoin podem enfrentar o risco de contango, onde os contratos futuros são negociados a um preço mais alto do que o preço à vista do Bitcoin. Isso pode resultar em custos adicionais para rolar os contratos futuros.

Exemplo: O ProShares Bitcoin Strategy ETF pode enfrentar custos adicionais ao rolar contratos futuros de Bitcoin, impactando negativamente os retornos dos investidores.

Análise de ETFs de Bitcoin no Mercado

1. **Purpose Bitcoin ETF (BTCC)**

Lançamento: Fevereiro de 2021 **Local**: Canadá **Tipo**: ETF Físico **Taxa de Administração**: 1% **Custodiante**: Gemini Trust Company LLC

Análise: O Purpose Bitcoin ETF foi o primeiro ETF de Bitcoin lançado no mundo, marcando um marco significativo para a indústria de criptomoedas. Sua estrutura física e custódia segura o tornam uma opção atraente para investidores que buscam exposição direta ao Bitcoin. No entanto, a taxa de administração de 1% pode impactar os retornos a longo prazo.

2. **ProShares Bitcoin Strategy ETF (BITO)**

Lançamento: Outubro de 2021 **Local**: Estados Unidos **Tipo**: ETF de Futuros **Taxa de Administração**: 0,95% **Mercado de Futuros**: Chicago Mercantile Exchange (CME)

Análise: O ProShares Bitcoin Strategy ETF foi o primeiro ETF de futuros de Bitcoin aprovado nos

Estados Unidos. Ele oferece uma maneira regulamentada de investir em Bitcoin, mas enfrenta desafios como tracking error e risco de contango. A taxa de administração de 0,95% é competitiva, mas os investidores devem estar cientes dos custos adicionais associados aos contratos futuros.

3. VanEck Bitcoin Strategy ETF (XBTF)

Lançamento: Novembro de 2021 **Local**: Estados Unidos **Tipo**: ETF de Futuros **Taxa de Administração**: 0,65% **Mercado de Futuros**: Chicago Mercantile Exchange (CME)

Análise: O VanEck Bitcoin Strategy ETF oferece uma opção de custo mais baixo em comparação com outros ETFs de futuros de Bitcoin. A taxa de administração de 0,65% é uma das mais baixas do mercado, tornando-o atraente para investidores conscientes dos custos. No entanto, os desafios associados aos contratos futuros, como tracking error e contango, ainda se aplicam.

Impacto dos ETFs de Bitcoin no Mercado de Criptomoedas

Os ETFs de Bitcoin têm um impacto significativo no mercado de criptomoedas, contribuindo para a aceitação institucional e a legitimidade do Bitcoin como ativo de investimento.

1. **Adoção Institucional**: A aprovação de ETFs de Bitcoin facilita a entrada de investidores institucionais no mercado de criptomoedas, aumentando a demanda e a liquidez do Bitcoin.

Exemplo: Fundos de pensão, fundos de hedge e outros investidores institucionais podem investir em ETFs de Bitcoin como parte de suas estratégias de diversificação, impulsionando a adoção institucional.

2. **Legitimidade**: Os ETFs de Bitcoin são regulamentados por autoridades financeiras, proporcionando um nível adicional de legitimidade e confiança para os investidores.

Análise: A regulamentação dos ETFs de Bitcoin ajuda a dissipar preocupações sobre a segurança e a transparência do mercado de criptomoedas, atraindo mais investidores.

3. **Aumento da Liquidez**: A negociação de ETFs de Bitcoin em bolsas de valores tradicionais aumenta a liquidez do mercado de Bitcoin, facilitando a entrada e saída dos investidores.

Exemplo: A maior liquidez resultante da negociação de ETFs de Bitcoin pode ajudar a reduzir a volatilidade dos preços do Bitcoin, tornando-o um ativo mais estável para investidores.

4. **Educação e Conscientização**: Os ETFs de Bitcoin aumentam a conscientização e a educação sobre criptomoedas entre investidores tradicionais, promovendo uma maior compreensão e aceitação do Bitcoin.

Exemplo: A cobertura da mídia sobre a aprovação e o desempenho dos ETFs de Bitcoin ajuda a educar o público sobre as criptomoedas e seus potenciais benefícios como investimentos.

Conclusão

Investir em criptomoedas oferece uma combinação única de oportunidades e riscos. Com uma estratégia bem definida, análise diligente e gestão de risco eficaz, os investidores podem aproveitar o potencial de crescimento deste mercado emergente. Este guia fornece uma base sólida para iniciantes e investidores experientes navegarem no mundo das criptomoedas, desde a escolha das plataformas de negociação até a implementação de estratégias de investimento e a compreensão dos riscos e recompensas associados.

Os ETFs de Bitcoin representam um desenvolvimento significativo no mercado de criptomoedas, oferecendo uma maneira regulamentada e acessível de investir em Bitcoin. Eles proporcionam várias vantagens, como acessibilidade, regulação, custódia segura e diversificação, mas também apresentam desafios, como taxas de administração, tracking error e risco de contango.

A análise dos principais ETFs de Bitcoin no mercado, como o Purpose Bitcoin ETF, o ProShares Bitcoin Strategy ETF e o VanEck Bitcoin Strategy ETF, destaca suas características, vantagens e desvantagens. O impacto dos ETFs de Bitcoin no mercado de criptomoedas é profundo, contribuindo para a adoção institucional, a legitimidade, o aumento da liquidez e a educação sobre criptomoedas.

Investidores interessados em ETFs de Bitcoin devem realizar uma pesquisa diligente e considerar suas metas de investimento, tolerância ao risco e horizonte de tempo. Com uma estratégia bem definida e uma compreensão clara dos riscos e recompensas, os ETFs de Bitcoin podem ser uma adição valiosa a um portfólio de investimentos diversificado.

Lembre-se de que o mercado de criptomoedas é altamente volátil e imprevisível. A educação contínua, a pesquisa diligente e a adaptação às mudanças do mercado são essenciais para o sucesso a longo prazo. Investidores devem estar preparados para a volatilidade e ter uma visão de longo prazo, aproveitando as inovações e oportunidades que as criptomoedas oferecem.

Capítulo 5: Segurança no Mundo das Criptomoedas

Introdução

A segurança é uma preocupação crucial para qualquer investidor em criptomoedas. Com o aumento da popularidade e do valor das criptomoedas, as ameaças de hacking, fraudes e outras atividades maliciosas também aumentaram. Este capítulo explora como garantir a segurança dos investimentos em criptomoedas, descrevendo as diferentes formas de armazenamento seguro, como carteiras digitais (hot wallets e cold wallets), discutindo as principais ameaças e fornecendo conselhos práticos sobre como proteger seus ativos digitais.

Formas de Armazenamento Seguro

Hot Wallets

Hot wallets são carteiras digitais conectadas à internet, permitindo acesso rápido e fácil às criptomoedas. Elas são ideais para transações frequentes, mas apresentam riscos de segurança devido à sua conexão constante com a internet.

1. **Carteiras de Software**: São aplicativos instalados em dispositivos como computadores e smartphones, permitindo que os usuários armazenem e acessem suas criptomoedas.

Exemplo: Exodus e Electrum são carteiras de software populares que oferecem interfaces amigáveis e suporte a várias criptomoedas.

Análise: As carteiras de software são convenientes para uso diário, mas são vulneráveis a malware e ataques de phishing. É crucial manter o software atualizado e usar medidas de segurança, como autenticação de dois fatores (2FA).

2. **Carteiras de Exchange**: São carteiras fornecidas por exchanges de criptomoedas, onde os usuários podem

armazenar suas criptomoedas diretamente na plataforma de negociação.

Exemplo: Binance e Coinbase oferecem carteiras integradas para seus usuários, facilitando a negociação e o armazenamento de criptomoedas.

Análise: Embora convenientes, as carteiras de exchange são alvos frequentes de hackers. É aconselhável não manter grandes quantias de criptomoedas em exchanges e transferir os fundos para uma carteira mais segura após a negociação.

Cold Wallets

Cold wallets são carteiras digitais offline, desconectadas da internet, oferecendo um nível mais alto de segurança. Elas são ideais para armazenamento a longo prazo de grandes quantias de criptomoedas.

1. **Carteiras de Hardware**: São dispositivos físicos que armazenam criptomoedas

offline, protegidos por PINs e outras medidas de segurança.

Exemplo: Ledger Nano S e Trezor são carteiras de hardware amplamente utilizadas que oferecem armazenamento seguro e suporte a várias criptomoedas.

Análise: As carteiras de hardware são consideradas uma das formas mais seguras de armazenar criptomoedas. No entanto, é importante comprar esses dispositivos diretamente dos fabricantes para evitar produtos adulterados.

2. **Carteiras de Papel**: São documentos físicos que contêm chaves privadas e endereços públicos impressos. Eles podem ser gerados offline e armazenados em locais seguros.

Exemplo: Um usuário pode gerar uma carteira de papel usando serviços como BitAddress ou MyEtherWallet, imprimindo o documento e armazenando-o em um cofre.

Análise: As carteiras de papel são altamente seguras contra ataques online, mas são vulneráveis a danos físicos e perda. É essencial armazenar as carteiras de papel em locais seguros e protegidos contra incêndios e inundações.

Principais Ameaças e Como Evitá-las

Hacking

Hacking é uma das maiores ameaças à segurança das criptomoedas. Hackers podem explorar vulnerabilidades em exchanges, carteiras e redes para roubar criptomoedas.

1. **Ataques a Exchanges**: Exchanges de criptomoedas são alvos frequentes de hackers devido à grande quantidade de fundos armazenados. Ataques bem-sucedidos podem resultar em perdas significativas para os usuários.

Exemplo: Em 2014, a exchange Mt. Gox foi hackeada, resultando na perda de 850.000 BTC e no fechamento da exchange.

Análise: Para minimizar o risco, os investidores devem escolher exchanges com fortes medidas de segurança, como armazenamento em cold wallets, auditorias regulares e seguro contra perdas. Além disso, é aconselhável não manter grandes quantias de criptomoedas em exchanges.

2. **Malware e Phishing**: Malware e ataques de phishing são métodos comuns usados por hackers para obter acesso às chaves privadas dos usuários. Malware pode infectar dispositivos e roubar informações, enquanto phishing envolve enganar os usuários para que revelem suas credenciais.

Exemplo: Hackers podem enviar e-mails falsos que parecem ser de exchanges legítimas, solicitando que os usuários façam login em sites fraudulentos.

Análise: Para evitar esses ataques, os investidores devem usar software antivírus atualizado, evitar clicar em links suspeitos e verificar cuidadosamente os URLs dos sites antes de inserir informações sensíveis. Usar autenticação de dois fatores (2FA) também pode adicionar uma camada extra de segurança.

Fraudes e Golpes

Fraudes e golpes são práticas enganosas usadas para roubar criptomoedas dos investidores. Eles podem assumir várias formas, incluindo esquemas Ponzi, ICOs fraudulentos e golpes de suporte técnico.

1. **Esquemas Ponzi**: Esquemas Ponzi prometem retornos elevados e garantidos aos investidores, mas pagam esses retornos usando os fundos de novos investidores. Eventualmente, o esquema colapsa, resultando em perdas para a maioria dos participantes.

Exemplo: BitConnect foi um esquema Ponzi que prometia altos retornos diários aos investidores. Em 2018, o esquema colapsou, resultando em perdas significativas para os investidores.

Análise: Para evitar esquemas Ponzi, os investidores devem ser céticos em relação a promessas de retornos garantidos e elevados. Realizar uma pesquisa diligente e verificar a legitimidade do projeto e da equipe é crucial.

2. **ICOs Fraudulentos**: ICOs fraudulentos levantam fundos dos investidores sob falsos pretextos, mas não têm intenção de desenvolver um produto ou serviço legítimo. Os fundos levantados são frequentemente desviados pelos fraudadores.

Exemplo: Em 2017, a ICO da Centra Tech levantou $32 milhões antes de ser exposta como uma fraude. Os fundadores foram presos e acusados de fraude.

Análise: Investidores devem realizar uma pesquisa cuidadosa antes de participar de ICOs, verificando a equipe, o white paper, a tecnologia e a viabilidade do projeto. Procurar projetos com auditorias e parcerias legítimas pode ajudar a identificar ICOs confiáveis.

3. **Golpes de Suporte Técnico**: Golpes de suporte técnico envolvem fraudadores que se passam por representantes de suporte de exchanges ou carteiras, solicitando que os usuários revelem suas chaves privadas ou senhas.

Exemplo: Hackers podem criar contas falsas de suporte em redes sociais, oferecendo ajuda aos usuários e solicitando informações sensíveis.

Análise: Investidores devem ser cautelosos ao interagir com suporte técnico online. Nunca revele chaves privadas ou senhas a ninguém e verifique a autenticidade dos canais de suporte antes de fornecer informações.

Conselhos Práticos para Proteger Seus Ativos Digitais

Use Autenticação de Dois Fatores (2FA)

A autenticação de dois fatores (2FA) adiciona uma camada extra de segurança às contas de criptomoedas, exigindo um segundo fator de autenticação além da senha. Isso pode incluir códigos enviados por SMS, aplicativos de autenticação ou dispositivos de hardware.

Exemplo: Google Authenticator e Authy são aplicativos populares de 2FA que geram códigos temporários para autenticação.

Análise: Habilitar 2FA em todas as contas de criptomoedas é uma medida essencial para proteger contra acessos não autorizados. Prefira aplicativos de autenticação em vez de SMS, pois os SIM swaps (troca de SIM) podem comprometer a segurança dos códigos enviados por SMS.

Armazene Chaves Privadas Offline

As chaves privadas são a única maneira de acessar e controlar suas criptomoedas. Armazenar chaves privadas offline, em cold wallets, reduz o risco de hacking e roubo.

Exemplo: Carteiras de hardware como Ledger Nano S e Trezor oferecem armazenamento seguro offline para chaves privadas.

Análise: Nunca compartilhe suas chaves privadas com ninguém e evite armazená-las em dispositivos conectados à internet. Mantenha backups das chaves privadas em locais seguros e separados.

Use Endereços Multisig

Endereços multisig (assinatura múltipla) exigem várias assinaturas para autorizar uma transação, aumentando a segurança das transações de criptomoedas.

Exemplo: Um endereço multisig pode exigir assinaturas de três partes diferentes para autorizar uma transação, como o proprietário, um custodiante e um terceiro confiável.

Análise: Usar endereços multisig pode proteger contra o roubo, pois um hacker precisaria comprometer várias chaves para autorizar uma transação. Isso é particularmente útil para empresas e organizações que gerenciam grandes quantias de criptomoedas.

Verifique Endereços de Transação

Antes de enviar criptomoedas, verifique cuidadosamente o endereço de destino para garantir que ele esteja correto. Hackers podem alterar endereços de transação copiando e colando malware.

Exemplo: Sempre verifique os primeiros e últimos caracteres do endereço de destino e, se possível, use um código QR para evitar erros de digitação.

Análise: Verificar endereços de transação pode prevenir a perda de fundos devido a endereços incorretos ou comprometidos. Usar carteiras que suportam verificação de endereço pode adicionar uma camada extra de segurança.

Mantenha Software e Dispositivos Atualizados

Manter o software de carteiras, exchanges e dispositivos atualizado é crucial para proteger contra vulnerabilidades de segurança.

Exemplo: Atualize regularmente o software das carteiras de hardware, aplicativos de software e sistemas operacionais para garantir que você tenha as últimas correções de segurança.

Análise: Atualizações de software frequentemente incluem correções para vulnerabilidades de segurança conhecidas. Manter o software atualizado reduz o risco de exploração por hackers.

Evite Redes Wi-Fi Públicas

Redes Wi-Fi públicas são vulneráveis a ataques man-in-the-middle, onde hackers interceptam e manipulam dados transmitidos entre o dispositivo do usuário e a rede.

Exemplo: Evite acessar contas de criptomoedas ou realizar transações em redes Wi-Fi públicas. Use uma rede privada ou uma conexão VPN segura.

Análise: Usar redes Wi-Fi públicas para acessar contas de criptomoedas aumenta o risco de interceptação e roubo de dados. Preferir redes seguras e privadas é uma prática recomendada para proteger seus ativos digitais.

Eduque-se Continuamente

A segurança no mundo das criptomoedas está em constante evolução. Manter-se atualizado sobre as últimas ameaças e melhores práticas é essencial para proteger seus investimentos.

Exemplo: Participe de fóruns de criptomoedas, siga especialistas em segurança e leia publicações sobre as últimas tendências e ameaças de segurança.

Análise: A educação contínua permite que os investidores adaptem suas práticas de segurança às novas ameaças e tecnologias. Estar bem informado é a melhor defesa contra ataques e fraudes.

Conclusão

A segurança é um aspecto fundamental do investimento em criptomoedas. Compreender as diferentes formas de armazenamento seguro, como hot wallets e cold wallets, e estar ciente das principais ameaças, como hacking e fraudes, é essencial para proteger seus ativos digitais.

Adotar práticas de segurança robustas, como usar autenticação de dois fatores, armazenar chaves privadas offline e manter-se atualizado sobre as últimas ameaças, pode ajudar a mitigar os riscos e garantir a segurança de seus investimentos.

Investir em criptomoedas oferece grandes oportunidades, mas também apresenta desafios significativos em termos de segurança. Com uma abordagem proativa e informada, os investidores podem proteger seus ativos digitais e aproveitar os benefícios das criptomoedas com confiança. Este capítulo fornece um guia abrangente para a segurança no mundo das criptomoedas, ajudando os investidores a navegar neste ambiente dinâmico e em constante evolução.

Capítulo 6: Regulamentação e Legislação

Introdução

A regulamentação e a legislação das criptomoedas são temas complexos e dinâmicos que variam significativamente em diferentes partes do mundo. A abordagem dos governos e das autoridades regulatórias em relação às criptomoedas pode influenciar profundamente o desenvolvimento e a adoção dessas tecnologias. Este capítulo analisa a situação legal das criptomoedas em várias regiões, discute o impacto das regulamentações no mercado de criptomoedas e como elas podem moldar o futuro do setor. Incluímos exemplos de países com regulamentações favoráveis e desfavoráveis e fornecemos orientações sobre como os investidores podem se adaptar a essas mudanças.

Situação Legal das Criptomoedas em Diferentes Partes do Mundo

América do Norte

Estados Unidos

Nos Estados Unidos, a regulamentação das criptomoedas é fragmentada, com diferentes agências governamentais assumindo papéis distintos. A Comissão de Valores Mobiliários (SEC), a Comissão de Negociação de Futuros de Commodities (CFTC) e a Rede de Combate a Crimes Financeiros (FinCEN) são algumas das principais entidades envolvidas.

1. **SEC**: A SEC classifica algumas criptomoedas como valores mobiliários e regula as ofertas iniciais de moedas (ICOs). A SEC tem sido rigorosa na aplicação de regras contra ICOs fraudulentos e não registrados.

Exemplo: Em 2020, a SEC entrou com uma ação contra a Ripple Labs, alegando que a venda de XRP constituía uma oferta de valores mobiliários não registrada. O caso ainda está em andamento e pode ter implicações significativas para o mercado de criptomoedas.

2. **CFTC**: A CFTC classifica o Bitcoin e o Ethereum como commodities e regula os mercados de futuros e derivativos baseados em criptomoedas.

Exemplo: A CFTC aprovou a negociação de contratos futuros de Bitcoin na Chicago Mercantile Exchange (CME), proporcionando uma maneira regulamentada para investidores institucionais ganharem exposição ao Bitcoin.

3. **FinCEN**: A FinCEN aplica as leis de combate à lavagem de dinheiro (AML) e conhece seu cliente (KYC) às exchanges de criptomoedas e outros provedores de serviços financeiros.

Exemplo: As exchanges de criptomoedas nos EUA são obrigadas a registrar-se na FinCEN e implementar programas de conformidade AML/KYC para prevenir atividades ilícitas.

Canadá

O Canadá adotou uma abordagem relativamente favorável às criptomoedas, com regulamentações claras e um ambiente de inovação.

1. **Regulamentação de Exchanges**: As exchanges de criptomoedas no Canadá são regulamentadas como empresas de serviços financeiros e devem cumprir as leis AML/KYC.

Exemplo: A exchange canadense Bitbuy é registrada como uma empresa de serviços financeiros e cumpre os requisitos regulatórios estabelecidos pelo Centro de Análise de Relatórios e Transações Financeiras do Canadá (FINTRAC).

2. **ETFs de Bitcoin**: O Canadá foi o primeiro país a aprovar ETFs de Bitcoin, proporcionando uma maneira regulamentada para os investidores ganharem exposição ao Bitcoin.

Exemplo: O Purpose Bitcoin ETF, lançado em fevereiro de 2021, permite que os investidores comprem ações que rastreiam o preço do Bitcoin, aumentando a acessibilidade e a legitimidade do investimento em criptomoedas.

Europa

União Europeia

A União Europeia (UE) está desenvolvendo um quadro regulatório abrangente para criptomoedas e ativos digitais, conhecido como Regulamento dos Mercados de Criptoativos (MiCA).

1. **MiCA**: O MiCA visa estabelecer regras claras para a emissão e negociação de criptoativos, protegendo os consumidores e promovendo a inovação.

Exemplo: O MiCA incluirá requisitos de licenciamento para emissores de criptoativos e provedores de serviços, bem como regras de transparência e divulgação.

2. **AML/KYC**: A UE impôs requisitos rigorosos de AML/KYC às exchanges de criptomoedas e provedores de carteiras, alinhando-se com a Quinta Diretiva de Combate à Lavagem de Dinheiro (5AMLD).

Exemplo: Exchanges de criptomoedas na UE devem implementar programas de conformidade AML/KYC, registrando-se nas autoridades financeiras nacionais e relatando atividades suspeitas.

Suíça

A Suíça é conhecida por sua abordagem favorável às criptomoedas, estabelecendo-se como um centro global para inovação em blockchain e criptoativos.

1. **Regulamentação Clara**: A Suíça fornece uma estrutura regulatória clara para criptomoedas, com a Autoridade Supervisora do Mercado Financeiro (FINMA) emitindo diretrizes específicas.

Exemplo: A FINMA classifica os tokens em três categorias: tokens de pagamento, tokens de utilidade e tokens de ativos, cada um com diferentes requisitos regulatórios.

2. **Crypto Valley**: A região de Zug, conhecida como Crypto Valley, abriga inúmeras startups e empresas de blockchain, beneficiando-se de um ambiente regulatório favorável e de incentivos fiscais.

Exemplo: A Ethereum Foundation, uma das organizações mais influentes no espaço de criptomoedas, está sediada em Zug, Suíça.

Ásia

Japão

O Japão é um dos países mais progressistas em termos de regulamentação de criptomoedas, reconhecendo-as como um meio de pagamento legal e estabelecendo um quadro regulatório robusto.

1. **Licenciamento de Exchanges**: As exchanges de criptomoedas no Japão devem obter uma licença da Agência de Serviços Financeiros (FSA) e cumprir requisitos rigorosos de segurança e conformidade.

Exemplo: A exchange japonesa bitFlyer é licenciada pela FSA e implementa medidas de segurança avançadas para proteger os fundos dos usuários.

2. **Proteção ao Consumidor**: O Japão impôs regras de proteção ao consumidor, exigindo que as exchanges mantenham fundos de clientes separados dos fundos operacionais e forneçam seguro contra perdas.

Exemplo: Após o hack da Coincheck em 2018, a FSA intensificou a supervisão das exchanges, garantindo que implementem medidas de segurança robustas para proteger os ativos dos clientes.

China

A China adotou uma abordagem restritiva em relação às criptomoedas, proibindo a negociação e a mineração de criptomoedas e restringindo o acesso a exchanges estrangeiras.

1. **Proibição de ICOs e Exchanges**: Em 2017, a China proibiu as ICOs e ordenou o fechamento de exchanges de criptomoedas domésticas, alegando preocupações com a fraude e a estabilidade financeira.

Exemplo: Exchanges como Binance e Huobi, originalmente sediadas na China, mudaram suas operações para outros países devido à proibição.

2. **Repressão à Mineração**: Em 2021, a China intensificou sua repressão à mineração de criptomoedas, citando preocupações com o consumo de energia e o impacto ambiental.

Exemplo: A repressão levou à migração de operações de mineração para outros países, como Estados Unidos, Canadá e Cazaquistão, onde as regulamentações são mais favoráveis.

América Latina

Brasil

O Brasil está desenvolvendo um quadro regulatório para criptomoedas, com foco na proteção ao consumidor e na prevenção de atividades ilícitas.

1. **Regulamentação de Exchanges**: As exchanges de criptomoedas no Brasil são obrigadas a registrar-se na Receita Federal e cumprir as leis AML/KYC.

Exemplo: A exchange brasileira Mercado Bitcoin é registrada na Receita Federal e implementa programas de conformidade para garantir a segurança e a transparência das transações.

2. **Propostas Legislativas**: O Congresso Nacional do Brasil está considerando várias propostas legislativas para regulamentar o mercado de criptomoedas,

incluindo requisitos de licenciamento e supervisão.

Exemplo: O Projeto de Lei 2303/2015 visa estabelecer um marco regulatório para criptomoedas e ativos digitais, promovendo a inovação e protegendo os consumidores.

Argentina

A Argentina tem uma abordagem mais liberal em relação às criptomoedas, com regulamentações mínimas e uma crescente adoção devido à instabilidade econômica e à inflação.

1. **Uso Generalizado**: As criptomoedas são amplamente utilizadas na Argentina como uma proteção contra a inflação e a depreciação do peso argentino.

Exemplo: Bitcoin e stablecoins, como USDT, são populares entre os argentinos que buscam preservar seu poder de compra em meio à inflação galopante.

2. **Regulamentação Mínima**: Embora o Banco Central da Argentina tenha emitido

avisos sobre os riscos das criptomoedas, não há regulamentações abrangentes que restrinjam seu uso.

Exemplo: A falta de regulamentação permite uma maior liberdade para os usuários de criptomoedas, mas também aumenta os riscos de fraudes e atividades ilícitas.

Impacto das Regulamentações no Mercado de Criptomoedas

Fatores Positivos

1. **Legitimidade e Confiança**: Regulamentações claras e justas podem aumentar a legitimidade e a confiança no mercado de criptomoedas, atraindo investidores institucionais e promovendo a adoção em massa.

Exemplo: A aprovação de ETFs de Bitcoin em países como Canadá e Estados Unidos aumentou a confiança dos investidores e facilitou o acesso regulamentado ao Bitcoin.

2. **Proteção ao Consumidor**: Regulamentações que protegem os consumidores contra fraudes e práticas desleais podem aumentar a segurança e a transparência no mercado de criptomoedas.

Exemplo: Requisitos de AML/KYC e a segregação de fundos de clientes em exchanges ajudam a proteger os investidores contra perdas e atividades ilícitas.

3. **Inovação e Desenvolvimento**: Um ambiente regulatório favorável pode incentivar a inovação e o desenvolvimento de novas tecnologias e serviços baseados em blockchain.

Exemplo: A Suíça, com sua abordagem favorável às criptomoedas, tornou-se um centro global para startups de blockchain e inovação tecnológica.

Fatores Negativos

1. **Burocracia e Custos**: Regulamentações excessivas podem criar burocracia e aumentar os custos de conformidade para empresas de criptomoedas, dificultando a inovação e o crescimento.

Exemplo: Requisitos de licenciamento complexos e caros podem desencorajar startups de criptomoedas de operar em determinados países.

2. **Restrição à Liberdade Financeira**: Regulamentações restritivas podem limitar a liberdade financeira dos indivíduos e empresas, impedindo o uso e a inovação das criptomoedas.

Exemplo: A proibição de criptomoedas na China restringe a capacidade dos cidadãos de acessar e usar criptomoedas, limitando suas opções financeiras.

3. **Incerteza Regulatória**: A falta de clareza e consistência nas regulamentações pode criar incerteza para

investidores e empresas, dificultando a tomada de decisões informadas.

Exemplo: A incerteza regulatória nos Estados Unidos, com diferentes agências adotando abordagens diferentes, pode confundir investidores e empresas sobre suas obrigações legais.

Exemplos de Países com Regulamentações Favoráveis e Desfavoráveis

Regulamentações Favoráveis

Suíça

A Suíça é amplamente reconhecida por sua abordagem favorável às criptomoedas, oferecendo um ambiente regulatório claro e incentivando a inovação.

1. **Crypto Valley**: A região de Zug, conhecida como Crypto Valley, é um centro global para startups de blockchain e criptomoedas, beneficiando-se de regulamentações favoráveis e incentivos fiscais.

Exemplo: A Ethereum Foundation e a Tezos Foundation estão sediadas em Zug, atraídas pela abordagem progressista da Suíça em relação às criptomoedas.

2. **Regulamentação Clara**: A FINMA, a autoridade reguladora suíça, emitiu diretrizes claras para a emissão e negociação de tokens, classificando-os em tokens de pagamento, tokens de utilidade e tokens de ativos.

Exemplo: A classificação clara dos tokens ajuda as empresas a entenderem suas obrigações regulatórias e a desenvolverem produtos e serviços compatíveis.

Japão

O Japão é outro exemplo de um país com regulamentações favoráveis às criptomoedas, reconhecendo-as como um meio de pagamento legal e estabelecendo um quadro regulatório robusto.

1. **Licenciamento de Exchanges**: As exchanges de criptomoedas no Japão devem obter uma licença da FSA e cumprir requisitos rigorosos de segurança e conformidade.

Exemplo: A exchange bitFlyer é licenciada pela FSA e implementa medidas de segurança avançadas para proteger os fundos dos usuários.

2. **Proteção ao Consumidor**: O Japão impôs regras de proteção ao consumidor, exigindo que as exchanges mantenham fundos de clientes separados dos fundos operacionais e forneçam seguro contra perdas.

Exemplo: As medidas de proteção ao consumidor ajudam a aumentar a confiança dos investidores e a promover a adoção de criptomoedas no Japão.

Regulamentações Desfavoráveis

China

A China adotou uma abordagem restritiva em relação às criptomoedas, proibindo a negociação e a mineração de criptomoedas e restringindo o acesso a exchanges estrangeiras.

1. **Proibição de ICOs e Exchanges**: Em 2017, a China proibiu as ICOs e ordenou o fechamento de exchanges de criptomoedas domésticas, citando preocupações com a fraude e a estabilidade financeira.

Exemplo: Exchanges como Binance e Huobi, originalmente sediadas na China, mudaram suas operações para outros países devido à proibição.

2. **Repressão à Mineração**: Em 2021, a China intensificou sua repressão à mineração de criptomoedas, citando preocupações com o consumo de energia e o impacto ambiental.

Exemplo: A repressão levou à migração de operações de mineração para outros países, como Estados Unidos, Canadá e Cazaquistão, onde as regulamentações são mais favoráveis.

Índia

A Índia tem uma abordagem ambígua em relação às criptomoedas, com mudanças frequentes nas políticas e uma falta de clareza regulatória.

1. **Propostas de Proibição**: O governo indiano considerou várias propostas para proibir criptomoedas privadas, citando preocupações com a lavagem de dinheiro e a proteção ao consumidor.

Exemplo: Em 2021, o governo indiano propôs um projeto de lei que proibiria todas as criptomoedas privadas, exceto aquelas emitidas pelo estado, criando incerteza e preocupação entre investidores e empresas.

2. **Incerteza Regulatória**: A falta de clareza e consistência nas regulamentações cria incerteza para

investidores e empresas, dificultando a tomada de decisões informadas.

Exemplo: A incerteza regulatória levou algumas empresas de criptomoedas a suspenderem operações na Índia, enquanto outras continuam a operar em um ambiente de risco elevado.

Como os Investidores Podem se Adaptar às Mudanças Regulamentares

Pesquisa e Educação

Investidores devem manter-se informados sobre as regulamentações e políticas em evolução em seus países e globalmente. A pesquisa e a educação contínuas são essenciais para entender o ambiente regulatório e adaptar as estratégias de investimento.

Exemplo: Acompanhar notícias e análises de fontes confiáveis, como CoinDesk, CoinTelegraph e publicações financeiras, pode ajudar os investidores a se manterem atualizados sobre as mudanças regulatórias.

Diversificação Geográfica

Diversificar os investimentos em diferentes jurisdições pode ajudar a mitigar os riscos regulatórios. Investidores podem considerar a alocação de fundos em exchanges e projetos em países com regulamentações favoráveis.

Exemplo: Investir em ETFs de Bitcoin no Canadá ou em empresas de blockchain sediadas na Suíça pode oferecer maior segurança regulatória e proteção contra mudanças adversas em outras jurisdições.

Conformidade com as Leis Locais

Cumprir as leis e regulamentações locais é crucial para evitar penalidades e proteger os investimentos. Investidores devem garantir que suas atividades de compra, venda e armazenamento de criptomoedas estejam em conformidade com as exigências legais.

Exemplo: Implementar programas de conformidade AML/KYC e registrar-se nas autoridades regulatórias locais, conforme necessário, pode ajudar a garantir a conformidade e a segurança dos investimentos.

Uso de Serviços de Consultoria

Consultar especialistas jurídicos e financeiros pode fornecer orientação valiosa sobre como navegar no ambiente regulatório e proteger os investimentos. Serviços de consultoria podem ajudar a entender as implicações legais e fiscais das criptomoedas.

Exemplo: Contratar um advogado especializado em blockchain e criptomoedas pode ajudar a interpretar regulamentações complexas e desenvolver estratégias de conformidade eficazes.

Conclusão

A regulamentação e a legislação das criptomoedas são fatores cruciais que influenciam o desenvolvimento e a adoção dessas tecnologias. A análise da situação legal das criptomoedas em diferentes partes do mundo revela uma ampla gama de abordagens, desde regulamentações favoráveis em países como Suíça e Japão até restrições severas em países como China e Índia.

O impacto das regulamentações no mercado de criptomoedas é significativo, afetando a legitimidade, a confiança, a inovação e a liberdade financeira. Investidores devem estar cientes dos fatores positivos e negativos das regulamentações e adaptar suas estratégias de investimento para mitigar os riscos e aproveitar as oportunidades.

Este capítulo fornece uma visão abrangente da regulamentação e legislação das criptomoedas, destacando exemplos de países com regulamentações favoráveis e desfavoráveis e fornecendo orientações sobre como os investidores podem se adaptar às mudanças regulatórias. Com uma abordagem informada e proativa, os investidores podem navegar no ambiente regulatório dinâmico e proteger seus investimentos em criptomoedas.

Capítulo 7: Casos de Sucesso e Lições Aprendidas

Introdução

O mercado de criptomoedas é conhecido por suas histórias de grandes ganhos e perdas significativas. Este capítulo compartilha histórias de investidores bem-sucedidos no mercado de criptomoedas, destacando as estratégias usadas para alcançar grandes ganhos. Também discutimos erros comuns e como evitá-los, além de lições aprendidas de grandes perdas e fraudes no mercado de criptomoedas. Através dessas histórias e análises, os leitores podem obter insights valiosos sobre como navegar no mercado de criptomoedas com mais segurança e eficácia.

Histórias de Sucesso no Mercado de Criptomoedas

A Ascensão de Bitcoin: A História de Roger Ver

Roger Ver, conhecido como "Bitcoin Jesus", foi um dos primeiros investidores em Bitcoin e é uma figura proeminente no mundo das criptomoedas. Ele começou a investir em Bitcoin em 2011, quando o preço estava em torno de $1.

1. **Estratégia de Investimento**: Roger Ver acreditava no potencial revolucionário do Bitcoin e adotou uma estratégia de HODLing (manter a longo prazo). Ele comprou grandes quantidades de Bitcoin e continuou a acumular mais ao longo dos anos.

Exemplo: Ver comprou Bitcoin quando estava a $1 e continuou a investir à medida que o preço subia. Ele resistiu à tentação de vender durante as flutuações de preço, mantendo sua posição a longo prazo.

2. **Promoção e Educação**: Além de investir, Ver foi um defensor ativo do Bitcoin, promovendo-o em conferências e mídias sociais. Ele também investiu em startups

de criptomoedas e projetos relacionados ao Bitcoin.

Exemplo: Ver investiu em empresas como Blockchain.info, BitPay e Kraken, ajudando a construir a infraestrutura do ecossistema de criptomoedas.

3. **Resultados**: O investimento inicial de Ver em Bitcoin rendeu retornos exponenciais. Quando o preço do Bitcoin atingiu $20.000 em 2017, sua fortuna estava avaliada em centenas de milhões de dólares.

Análise: A história de Roger Ver destaca a importância de acreditar no potencial a longo prazo das criptomoedas e a estratégia de HODLing. Sua disposição de promover e educar sobre o Bitcoin também contribuiu para o crescimento do mercado.

O Sucesso de Ethereum: A História de Vitalik Buterin

Vitalik Buterin é o cofundador do Ethereum, a segunda maior criptomoeda por capitalização de mercado. Ele teve a visão de criar uma plataforma que permitisse a execução de contratos inteligentes e aplicativos descentralizados (dApps).

1. **Criação do Ethereum**: Em 2013, Buterin publicou o white paper do Ethereum, propondo uma plataforma descentralizada com contratos inteligentes. Em 2014, ele lançou uma ICO para financiar o desenvolvimento do Ethereum, arrecadando $18 milhões.

Exemplo: A ICO do Ethereum foi uma das primeiras e mais bem-sucedidas, atraindo investidores de todo o mundo. Os tokens ETH foram vendidos por cerca de $0,30 cada.

2. **Desenvolvimento e Lançamento**: O Ethereum foi lançado em 2015, e rapidamente se tornou a plataforma líder para contratos inteligentes e dApps. A inovação de Buterin abriu novas possibilidades para a tecnologia blockchain.

Exemplo: Projetos como Uniswap, MakerDAO e CryptoKitties foram construídos no Ethereum, demonstrando a versatilidade e o potencial da plataforma.

3. **Resultados**: O preço do ETH subiu significativamente desde o lançamento. Em 2021, o preço do ETH ultrapassou $4.000, tornando Buterin um dos mais jovens bilionários do mundo.

Análise: A história de Vitalik Buterin ilustra o poder da inovação e visão no mercado de criptomoedas. Seu sucesso com o Ethereum destaca a importância de identificar e investir em tecnologias disruptivas.

Ganhos Exponenciais com Altcoins: A História de Charlie Shrem

Charlie Shrem é um dos primeiros investidores e empreendedores no espaço das criptomoedas. Ele cofundou a BitInstant, uma das primeiras plataformas de câmbio de Bitcoin, e investiu em várias altcoins.

1. **Investimento em Altcoins**: Além de Bitcoin, Shrem investiu em altcoins como Dash e Ethereum. Ele acreditava no potencial dessas criptomoedas para resolver problemas específicos e oferecer novos casos de uso.

Exemplo: Shrem comprou Dash quando estava a menos de $10 e Ethereum durante sua ICO. Ele diversificou seu portfólio para incluir várias altcoins promissoras.

2. **Empreendedorismo e Inovação**: Shrem foi um empreendedor ativo, cofundando a BitInstant e investindo em startups de criptomoedas. Ele também foi um defensor vocal das criptomoedas, promovendo sua adoção.

Exemplo: A BitInstant facilitou a compra de Bitcoin para milhares de usuários, contribuindo para a adoção inicial da criptomoeda.

3. **Resultados**: As altcoins em que Shrem investiu tiveram aumentos exponenciais

de preço. Dash atingiu um pico de $1.500 em 2017, e Ethereum subiu para mais de $4.000 em 2021.

Análise: A história de Charlie Shrem destaca a importância da diversificação e do empreendedorismo no mercado de criptomoedas. Investir em altcoins promissoras pode oferecer grandes retornos, mas também envolve riscos significativos.

Erros Comuns e Como Evitá-los

Falta de Pesquisa e Due Diligence

Um dos erros mais comuns cometidos por investidores é a falta de pesquisa e due diligence antes de investir em criptomoedas. Investir sem entender o projeto, a equipe e a tecnologia pode levar a perdas significativas.

1. **Exemplo de Erro**: Muitos investidores foram atraídos por ICOs fraudulentas que prometiam retornos elevados sem fornecer informações claras sobre o projeto. Esses investidores perderam seus

fundos quando os projetos falharam ou foram expostos como fraudes.

Exemplo: A ICO da Centra Tech levantou $32 milhões antes de ser exposta como uma fraude. Os fundadores foram presos e acusados de fraude.

2. **Como Evitar**: Realize uma pesquisa diligente antes de investir. Verifique a equipe, o white paper, a tecnologia e a viabilidade do projeto. Procure auditorias independentes e parcerias legítimas.

Análise: Investir tempo em pesquisa e due diligence pode ajudar a identificar projetos legítimos e evitar fraudes. A educação contínua sobre o mercado de criptomoedas é essencial para tomar decisões informadas.

Falta de Diversificação

Investir todo o capital em uma única criptomoeda é um erro comum que pode resultar em grandes perdas se a criptomoeda não tiver um bom desempenho.

1. **Exemplo de Erro**: Investidores que colocaram todo o seu capital em uma única criptomoeda, como o BitConnect, perderam tudo quando o projeto foi exposto como um esquema Ponzi e colapsou.

Exemplo: BitConnect prometia altos retornos diários, mas acabou sendo um esquema Ponzi. Quando o esquema colapsou, os investidores perderam suas economias.

2. **Como Evitar**: Diversifique seu portfólio para incluir várias criptomoedas com diferentes casos de uso e potencial de crescimento. Isso pode reduzir o risco e aumentar as chances de sucesso.

Análise: A diversificação é uma estratégia fundamental para gerenciar riscos no mercado de criptomoedas. Um portfólio diversificado pode mitigar perdas e capturar oportunidades de crescimento.

Negligência na Segurança

A negligência na segurança é um erro crítico que pode levar ao roubo de criptomoedas. Hackers podem explorar vulnerabilidades em exchanges, carteiras e dispositivos para roubar fundos.

1. **Exemplo de Erro**: Investidores que mantiveram grandes quantias de criptomoedas em exchanges centralizadas foram vítimas de hacks, resultando em perdas significativas.

Exemplo: O hack da Mt. Gox em 2014 resultou na perda de 850.000 BTC e no fechamento da exchange. Muitos investidores perderam suas economias.

2. **Como Evitar**: Use carteiras de hardware para armazenar criptomoedas offline e habilite autenticação de dois fatores (2FA) em todas as contas. Mantenha o software atualizado e evite redes Wi-Fi públicas.

Análise: A segurança é essencial para proteger os investimentos em criptomoedas. Adotar práticas de segurança robustas pode reduzir significativamente o risco de roubo e perda.

Lições Aprendidas de Grandes Perdas e Fraudes

A Queda da Mt. Gox

A Mt. Gox foi uma das maiores exchanges de Bitcoin do mundo antes de seu colapso em 2014. O hack da Mt. Gox resultou na perda de 850.000 BTC e teve um impacto significativo no mercado de criptomoedas.

1. **Causas do Colapso**: A Mt. Gox sofreu uma série de hacks e vulnerabilidades de segurança que foram exploradas por hackers ao longo dos anos. A falta de medidas de segurança robustas e a má gestão contribuíram para o colapso.

Exemplo: A Mt. Gox não implementou medidas de segurança adequadas, como armazenamento em cold wallets e auditorias regulares. Isso permitiu que hackers roubassem grandes quantias de Bitcoin.

2. **Impacto no Mercado**: O colapso da Mt. Gox resultou em uma queda significativa no preço do Bitcoin e abalou a confiança dos investidores no mercado de criptomoedas.

Exemplo: O preço do Bitcoin caiu de cerca de $800 para menos de $400 após o anúncio do hack da Mt. Gox. A confiança no mercado levou anos para se recuperar.

3. **Lições Aprendidas**: A importância da segurança e da gestão adequada das exchanges de criptomoedas foi destacada pelo colapso da Mt. Gox. Exchanges e investidores devem implementar medidas de segurança robustas para proteger os fundos.

Análise: A queda da Mt. Gox enfatiza a necessidade de práticas de segurança rigorosas e transparência nas operações de exchanges de criptomoedas. Investidores devem ser cautelosos ao escolher onde armazenar suas criptomoedas.

O Esquema Ponzi da BitConnect

BitConnect foi um esquema Ponzi que prometia altos retornos diários aos investidores. O projeto colapsou em 2018, resultando em grandes perdas para os investidores.

1. **Causas do Colapso**: BitConnect prometia retornos irrealisticamente altos e usava os fundos de novos investidores para pagar os retornos dos investidores existentes. Quando o esquema não pôde mais sustentar os pagamentos, ele colapsou.

Exemplo: BitConnect prometia retornos diários de até 1%, o que é insustentável a longo prazo. O esquema dependia de um fluxo constante de novos investidores para manter os pagamentos.

2. **Impacto no Mercado**: O colapso da BitConnect resultou em grandes perdas para os investidores e aumentou a percepção de risco no mercado de criptomoedas.

Exemplo: Investidores perderam milhões de dólares quando a BitConnect fechou suas operações e o preço do BCC (token da BitConnect) despencou.

3. **Lições Aprendidas**: A importância de identificar e evitar esquemas Ponzi e fraudes foi destacada pelo colapso da BitConnect. Investidores devem ser céticos em relação a promessas de retornos elevados e garantir que os projetos sejam legítimos.

Análise: O caso da BitConnect ressalta a necessidade de due diligence e ceticismo ao investir em criptomoedas. Promessas de retornos elevados devem ser vistas com desconfiança, e os investidores devem buscar projetos com fundamentos sólidos.

Conselhos Práticos para Investidores

Estabeleça uma Estratégia de Investimento

Ter uma estratégia de investimento clara pode ajudar a tomar decisões informadas e gerenciar riscos. Defina metas de investimento, horizonte de tempo e tolerância ao risco.

Exemplo: Um investidor pode adotar uma estratégia de HODLing para Bitcoin e Ethereum, enquanto realiza trading de curto prazo com altcoins para aproveitar as flutuações de preço.

Análise: Uma estratégia de investimento bem definida pode ajudar a manter a disciplina e evitar decisões impulsivas. Ajuste a estratégia conforme necessário para se adaptar às mudanças no mercado.

Realize Pesquisa e Due Diligence

Antes de investir em qualquer criptomoeda, realize uma pesquisa diligente para entender o projeto, a equipe e a tecnologia. Verifique auditorias independentes e parcerias legítimas.

Exemplo: Verificar o white paper, a equipe de desenvolvimento e as parcerias de um projeto pode fornecer insights sobre sua legitimidade e potencial de crescimento.

Análise: A pesquisa e a due diligence são essenciais para identificar projetos legítimos e evitar fraudes. Invista tempo para entender o mercado e as criptomoedas em que está investindo.

Diversifique Seu Portfólio

Diversificar seu portfólio para incluir várias criptomoedas pode reduzir o risco e aumentar as chances de sucesso. Evite colocar todo o capital em uma única criptomoeda.

Exemplo: Um portfólio diversificado pode incluir Bitcoin, Ethereum, Ripple, Litecoin e outras altcoins promissoras.

Análise: A diversificação é uma estratégia fundamental para gerenciar riscos no mercado de criptomoedas. Um portfólio diversificado pode mitigar perdas e capturar oportunidades de crescimento.

Adote Práticas de Segurança Robustas

A segurança é crucial para proteger seus investimentos em criptomoedas. Use carteiras de hardware, habilite autenticação de dois fatores (2FA) e mantenha o software atualizado.

Exemplo: Armazenar criptomoedas em uma carteira de hardware como Ledger Nano S e habilitar 2FA em todas as contas pode reduzir significativamente o risco de roubo e perda.

Análise: Adotar práticas de segurança robustas pode proteger seus investimentos contra hacking e fraudes. A segurança deve ser uma prioridade para todos os investidores em criptomoedas.

Conclusão

O mercado de criptomoedas oferece grandes oportunidades, mas também apresenta desafios significativos. As histórias de sucesso de investidores como Roger Ver, Vitalik Buterin e Charlie Shrem destacam o potencial de ganhos exponenciais, enquanto os casos de grandes perdas e fraudes, como a queda da Mt. Gox e o esquema Ponzi da BitConnect, enfatizam a importância da segurança e da due diligence.

Investidores devem estabelecer estratégias de investimento claras, realizar pesquisa diligente, diversificar seus portfólios e adotar práticas de segurança robustas para navegar no mercado de criptomoedas com sucesso. As lições aprendidas de grandes ganhos e perdas podem fornecer insights valiosos para tomar decisões informadas e proteger seus investimentos.

Este capítulo fornece uma visão abrangente dos casos de sucesso e lições aprendidas no mercado de criptomoedas, ajudando os leitores a entender as estratégias que funcionam e os erros a serem evitados. Com uma abordagem informada e proativa, os investidores podem aproveitar as oportunidades do mercado de criptomoedas com confiança e segurança.

Capítulo 8: Criptomoedas no Dia a Dia

Introdução

As criptomoedas, inicialmente concebidas como uma forma alternativa de dinheiro digital, estão gradualmente ganhando aceitação e sendo usadas em transações cotidianas. Este capítulo explora como as criptomoedas estão sendo usadas no dia a dia para compras e serviços, discute a adoção de criptomoedas por empresas e instituições, e analisa o impacto dessas moedas digitais na economia global. Incluímos exemplos de casos de uso práticos e os benefícios de usar criptomoedas em transações cotidianas, proporcionando uma visão abrangente sobre a integração das criptomoedas na vida diária.

Adoção de Criptomoedas por Empresas e Instituições

Grandes Empresas que Aceitam Criptomoedas

Tesla

Em 2021, a Tesla, liderada por Elon Musk, anunciou que começaria a aceitar Bitcoin como forma de pagamento para seus veículos. Embora a empresa tenha posteriormente suspendido essa opção devido a preocupações ambientais, a iniciativa destacou o potencial das criptomoedas em transações comerciais de grande escala.

Exemplo: A Tesla inicialmente permitiu que os clientes comprassem veículos elétricos usando Bitcoin, facilitando a integração das criptomoedas no mercado automotivo.

Análise: A aceitação de Bitcoin pela Tesla aumentou a visibilidade e a legitimidade das criptomoedas, incentivando outras empresas a considerar a adoção de moedas digitais.

Microsoft

A Microsoft foi uma das primeiras grandes empresas a aceitar Bitcoin como forma de pagamento para produtos digitais, como jogos, aplicativos e conteúdo na Microsoft Store.

Exemplo: Os clientes podem usar Bitcoin para comprar jogos e aplicativos no Xbox e na Windows Store, demonstrando a viabilidade das criptomoedas em transações digitais.

Análise: A adoção de Bitcoin pela Microsoft serve como um exemplo de como as criptomoedas podem ser integradas em plataformas de comércio eletrônico, tornando-as mais acessíveis aos consumidores.

Overstock

Overstock, uma varejista online de móveis e eletrônicos, foi uma das primeiras empresas a aceitar Bitcoin. A empresa também aceita outras criptomoedas, como Ethereum e Litecoin, através de uma parceria com a exchange Coinbase.

Exemplo: Os clientes da Overstock podem pagar por produtos usando várias criptomoedas, oferecendo uma alternativa conveniente às formas tradicionais de pagamento.

Análise: A aceitação de múltiplas criptomoedas pela Overstock demonstra a flexibilidade e a adaptabilidade das empresas ao adotar moedas digitais, proporcionando mais opções de pagamento aos consumidores.

Instituições Financeiras e Bancos

PayPal

Em 2020, o PayPal anunciou que permitiria aos seus usuários comprar, vender e manter criptomoedas, incluindo Bitcoin, Ethereum, Litecoin e Bitcoin Cash. Em 2021, a empresa expandiu seus serviços para permitir pagamentos com criptomoedas.

Exemplo: Os usuários do PayPal podem usar suas criptomoedas para pagar por produtos e serviços em milhões de comerciantes que aceitam PayPal, facilitando a adoção de criptomoedas no comércio eletrônico.

Análise: A integração de criptomoedas pelo PayPal aumenta a acessibilidade e a conveniência para os consumidores, promovendo a adoção generalizada de moedas digitais.

Visa e Mastercard

Visa e Mastercard, duas das maiores redes de pagamento do mundo, anunciaram iniciativas para suportar transações com criptomoedas. Ambas as empresas estão trabalhando com exchanges e emissores de cartões para permitir pagamentos com criptomoedas.

Exemplo: A Visa lançou cartões de débito que permitem aos usuários gastar suas criptomoedas em qualquer lugar que aceite Visa, convertendo automaticamente as criptomoedas em moeda fiat no ponto de venda.

Análise: A integração de criptomoedas nas redes de pagamento da Visa e Mastercard facilita o uso de moedas digitais em transações cotidianas, aumentando a aceitação e a legitimidade das criptomoedas.

Impacto das Criptomoedas na Economia Global

Descentralização e Inclusão Financeira

As criptomoedas oferecem uma alternativa descentralizada aos sistemas financeiros tradicionais, promovendo a inclusão financeira e proporcionando acesso a serviços financeiros para populações desbancarizadas.

1. **Acesso a Serviços Financeiros**: As criptomoedas permitem que pessoas sem acesso a bancos tradicionais participem da economia digital, enviando e recebendo pagamentos globalmente.

Exemplo: Em países com sistemas bancários subdesenvolvidos, como a Venezuela e o Zimbábue, as criptomoedas são usadas como uma forma de proteger a riqueza contra a inflação e a instabilidade econômica.

Análise: A inclusão financeira proporcionada pelas criptomoedas pode reduzir a desigualdade econômica e capacitar indivíduos em regiões subdesenvolvidas, promovendo a estabilidade e o crescimento econômico.

2. **Redução de Custos de Transação**: As transações com criptomoedas podem ser mais baratas e rápidas do que as transferências bancárias tradicionais, especialmente em transações internacionais.

Exemplo: Remessas enviadas através de criptomoedas, como Bitcoin ou Stellar, podem ter taxas significativamente mais baixas do que as cobradas por serviços de remessa tradicionais, como Western Union.

Análise: A redução dos custos de transação pode beneficiar tanto os consumidores quanto as empresas, incentivando o comércio global e facilitando a movimentação de fundos.

Estabilidade e Volatilidade

Embora as criptomoedas ofereçam muitos benefícios, sua volatilidade pode representar desafios para a estabilidade econômica e a adoção generalizada.

1. **Volatilidade dos Preços**: Os preços das criptomoedas podem flutuar drasticamente em curtos períodos, criando incerteza para consumidores e comerciantes.

Exemplo: O preço do Bitcoin subiu de cerca de $7.000 em janeiro de 2020 para mais de $60.000 em abril de 2021, antes de cair novamente para cerca de $30.000 em junho de 2021.

Análise: A volatilidade dos preços das criptomoedas pode dificultar sua aceitação como meio de pagamento estável. Soluções como stablecoins, que são atreladas a ativos estáveis, podem ajudar a mitigar esse problema.

2. **Impacto na Política Monetária**: A adoção generalizada de criptomoedas

pode afetar a capacidade dos governos de implementar políticas monetárias e controlar a oferta de dinheiro.

Exemplo: Em países como El Salvador, que adotou o Bitcoin como moeda legal, o uso de criptomoedas pode desafiar o controle do governo sobre a política monetária e a estabilidade econômica.

Análise: A interação entre criptomoedas e políticas monetárias tradicionais é complexa e requer uma abordagem equilibrada para maximizar os benefícios enquanto minimiza os riscos.

Casos de Uso Práticos de Criptomoedas em Transações Cotidianas

Compras Online e Varejo

Shopify

Shopify, uma das maiores plataformas de comércio eletrônico do mundo, permite que os comerciantes aceitem pagamentos em criptomoedas através de integrações com provedores de pagamento como BitPay e Coinbase Commerce.

Exemplo: Os comerciantes que usam Shopify podem aceitar Bitcoin, Ethereum e outras criptomoedas como forma de pagamento, expandindo suas opções de pagamento para clientes globais.

Análise: A integração de criptomoedas no Shopify facilita a aceitação de moedas digitais por comerciantes de todos os tamanhos, promovendo a adoção generalizada no comércio eletrônico.

Newegg

Newegg, um varejista online de eletrônicos, foi uma das primeiras grandes empresas a aceitar Bitcoin como forma de pagamento. A empresa também aceita outras criptomoedas, como Litecoin e Dogecoin.

Exemplo: Os clientes da Newegg podem pagar por produtos eletrônicos usando criptomoedas, oferecendo uma alternativa conveniente às formas tradicionais de pagamento.

Análise: A aceitação de criptomoedas por varejistas como Newegg demonstra a viabilidade das moedas digitais em transações de comércio eletrônico, proporcionando mais opções de pagamento aos consumidores.

Serviços e Assinaturas

Spotify

Spotify, um dos maiores serviços de streaming de música do mundo, está explorando a aceitação de criptomoedas como forma de pagamento para assinaturas.

Exemplo: Embora ainda não esteja amplamente implementado, a possibilidade de pagar por assinaturas do Spotify com criptomoedas pode atrair uma nova base de usuários e aumentar a conveniência.

Análise: A aceitação de criptomoedas por serviços de assinatura como o Spotify pode facilitar a adoção de moedas digitais no consumo de mídia digital, oferecendo mais opções de pagamento aos usuários.

AT&T

AT&T, uma das maiores empresas de telecomunicações dos Estados Unidos, permite que os clientes paguem suas contas usando Bitcoin através de uma parceria com a BitPay.

Exemplo: Os clientes da AT&T podem usar Bitcoin para pagar suas contas de telefone e internet, proporcionando uma alternativa moderna e conveniente aos métodos de pagamento tradicionais.

Análise: A aceitação de criptomoedas por empresas de serviços como a AT&T demonstra a viabilidade das moedas digitais em transações cotidianas, aumentando a conveniência para os consumidores.

Benefícios de Usar Criptomoedas em Transações Cotidianas

Segurança e Privacidade

As transações com criptomoedas oferecem um alto nível de segurança e privacidade, protegendo os usuários contra fraudes e roubo de identidade.

1. **Segurança das Transações**: As transações com criptomoedas são protegidas por criptografia avançada, tornando-as altamente seguras contra fraudes e ataques cibernéticos.

Exemplo: As transações de Bitcoin são registradas em um ledger público imutável (blockchain), garantindo que as transações sejam transparentes e verificáveis.

Análise: A segurança das transações com criptomoedas pode aumentar a confiança dos consumidores e comerciantes, incentivando a adoção de moedas digitais.

2. **Privacidade do Usuário**: As transações com criptomoedas podem ser realizadas sem a necessidade de revelar informações pessoais, protegendo a privacidade dos usuários.

Exemplo: Os usuários podem realizar transações com Monero, uma criptomoeda focada em privacidade, sem revelar suas identidades ou detalhes da transação.

Análise: A privacidade oferecida pelas transações com criptomoedas pode atrair usuários preocupados com a proteção de suas informações pessoais, promovendo a adoção de moedas digitais.

Conveniência e Acessibilidade

As criptomoedas oferecem uma forma conveniente e acessível de realizar transações, especialmente em um mundo cada vez mais digital.

1. **Transações Rápidas e Baratas**: As transações com criptomoedas podem ser

realizadas rapidamente e com taxas mais baixas em comparação com os métodos de pagamento tradicionais.

Exemplo: Enviar Bitcoin ou Litecoin para qualquer lugar do mundo pode ser feito em minutos, com taxas de transação significativamente mais baixas do que as cobradas por transferências bancárias internacionais.

Análise: A rapidez e o baixo custo das transações com criptomoedas podem beneficiar tanto os consumidores quanto as empresas, incentivando o uso de moedas digitais em transações cotidianas.

2. **Acessibilidade Global**: As criptomoedas podem ser usadas por qualquer pessoa com acesso à internet, independentemente de sua localização geográfica ou status bancário.

Exemplo: Em regiões onde os serviços bancários são limitados, como partes da África e da América Latina, as criptomoedas oferecem uma alternativa viável para realizar transações e armazenar valor.

Análise: A acessibilidade global das criptomoedas pode promover a inclusão financeira e capacitar indivíduos em regiões subdesenvolvidas, fomentando o crescimento econômico.

Desafios e Considerações para a Adoção de Criptomoedas

Volatilidade dos Preços

A volatilidade dos preços das criptomoedas pode representar um desafio significativo para sua adoção em transações cotidianas.

1. **Impacto na Estabilidade**: As flutuações de preço podem tornar difícil para consumidores e comerciantes confiar nas criptomoedas como um meio estável de pagamento.

Exemplo: Um comerciante que aceita Bitcoin pode enfrentar perdas se o preço do Bitcoin cair significativamente após a transação.

Análise: Soluções como stablecoins, que são atreladas a ativos estáveis como o dólar americano, podem ajudar a mitigar a volatilidade e proporcionar uma forma mais estável de pagamento.

2. **Risco de Investimento**: A volatilidade também pode impactar os investidores, que podem enfrentar perdas significativas se os preços das criptomoedas caírem rapidamente.

Exemplo: Investidores que compraram Bitcoin a $60.000 em abril de 2021 enfrentaram perdas quando o preço caiu para cerca de $30.000 em junho de 2021.

Análise: A gestão de risco e a diversificação são essenciais para mitigar os impactos da volatilidade no investimento em criptomoedas.

Regulação e Conformidade

A regulamentação das criptomoedas varia significativamente em diferentes partes do mundo, criando desafios para sua adoção e uso.

1. **Ambiguidade Regulatória**: A falta de clareza e consistência nas regulamentações pode criar incerteza para consumidores e empresas que desejam usar criptomoedas.

Exemplo: Em alguns países, como a Índia, a regulamentação das criptomoedas é ambígua e sujeita a mudanças, dificultando a adoção generalizada.

Análise: A clareza regulatória é essencial para promover a confiança e a aceitação das criptomoedas. Governos e reguladores devem trabalhar para desenvolver políticas equilibradas que incentivem a inovação enquanto protegem os consumidores.

2. **Conformidade com Leis Locais**: Empresas que aceitam criptomoedas devem garantir que suas operações

estejam em conformidade com as leis locais, incluindo requisitos de AML/KYC.

Exemplo: Exchanges de criptomoedas nos Estados Unidos são obrigadas a registrar-se na FinCEN e implementar programas de conformidade AML/KYC para prevenir atividades ilícitas.

Análise: A conformidade regulatória é crucial para evitar penalidades e proteger os consumidores. Empresas que aceitam criptomoedas devem estar cientes das exigências legais em suas jurisdições.

Futuro das Criptomoedas no Dia a Dia

Inovação e Desenvolvimento

O futuro das criptomoedas no dia a dia será moldado pela inovação e desenvolvimento contínuos em tecnologia blockchain e criptomoedas.

1. **Contratos Inteligentes e dApps**: A adoção de contratos inteligentes e aplicativos descentralizados (dApps) pode

expandir as possibilidades de uso das criptomoedas em transações cotidianas.

Exemplo: Plataformas como Ethereum permitem a criação de contratos inteligentes que automatizam processos e facilitam transações seguras e transparentes.

Análise: A inovação em contratos inteligentes e dApps pode transformar indústrias e criar novos casos de uso para as criptomoedas, aumentando sua adoção e utilidade.

2. **Interoperabilidade**: O desenvolvimento de soluções de interoperabilidade entre diferentes blockchains pode facilitar a troca de valor e informações, promovendo a integração das criptomoedas no sistema financeiro global.

Exemplo: Projetos como Polkadot e Cosmos estão trabalhando para criar pontes entre diferentes blockchains, permitindo a comunicação e a transferência de valor entre elas.

Análise: A interoperabilidade pode aumentar a eficiência e a conveniência das transações com criptomoedas, incentivando a adoção generalizada.

Adoção Institucional

A adoção institucional de criptomoedas pode desempenhar um papel crucial na promoção de sua aceitação no dia a dia.

1. **Investimento Institucional**: O interesse crescente de investidores institucionais em criptomoedas pode aumentar a legitimidade e a confiança no mercado.

Exemplo: Empresas como MicroStrategy e Tesla investiram bilhões de dólares em Bitcoin, sinalizando confiança no potencial a longo prazo das criptomoedas.

Análise: O investimento institucional pode atrair mais participantes para o mercado de criptomoedas, promovendo a adoção e a aceitação generalizada.

2. **Parcerias e Colaborações**: Parcerias entre empresas de criptomoedas e instituições financeiras tradicionais podem facilitar a integração das criptomoedas no sistema financeiro existente.

Exemplo: A parceria entre Visa e a exchange de criptomoedas Crypto.com permite que os usuários gastem suas criptomoedas em qualquer lugar que aceite Visa, aumentando a conveniência e a aceitação.

Análise: Colaborações entre empresas de criptomoedas e instituições financeiras tradicionais podem criar sinergias e promover a adoção das criptomoedas em transações cotidianas.

Conclusão

As criptomoedas estão gradualmente se integrando ao dia a dia, sendo usadas para compras, serviços e transações cotidianas. A adoção de criptomoedas por grandes empresas e instituições financeiras está aumentando a visibilidade e a aceitação das moedas digitais, enquanto a inovação contínua em tecnologia blockchain está expandindo suas possibilidades de uso.

Os benefícios de usar criptomoedas em transações cotidianas incluem segurança, privacidade, conveniência e acessibilidade global. No entanto, desafios como a volatilidade dos preços e a regulamentação ambígua devem ser abordados para promover a adoção generalizada.

O futuro das criptomoedas no dia a dia será moldado pela inovação, adoção institucional e desenvolvimento de políticas regulatórias equilibradas. Com uma abordagem informada e proativa, consumidores e empresas podem aproveitar as oportunidades oferecidas pelas criptomoedas, transformando a maneira como realizamos transações e interagimos com o sistema financeiro global.

Capítulo 9: O Futuro das Criptomoedas

Introdução

O mundo das criptomoedas está em constante evolução, impulsionado por avanços tecnológicos, mudanças regulatórias e a crescente aceitação por parte de consumidores e instituições. Este capítulo explora as tendências emergentes no mundo das criptomoedas, discute o papel das criptomoedas na economia digital e faz previsões sobre o futuro do mercado. Incluímos cenários possíveis e analisamos como as criptomoedas podem continuar a evoluir e influenciar o sistema financeiro global.

Tendências Emergentes no Mundo das Criptomoedas

Decentralized Finance (DeFi)

Decentralized Finance, ou DeFi, é um movimento que visa recriar serviços financeiros tradicionais em uma plataforma descentralizada, utilizando contratos inteligentes em blockchains como Ethereum.

1. **Lending e Borrowing**: Plataformas de DeFi permitem que os usuários emprestem e tomem emprestado criptomoedas sem a necessidade de intermediários tradicionais, como bancos.

Exemplo: Aave e Compound são plataformas populares de DeFi que permitem aos usuários emprestar suas criptomoedas e ganhar juros, ou tomar emprestado contra suas criptomoedas como garantia.

Análise: O DeFi tem o potencial de democratizar o acesso a serviços financeiros, reduzindo custos e aumentando a eficiência. No entanto, também enfrenta desafios de segurança e regulamentação que precisam ser abordados.

2. **Exchanges Descentralizadas (DEXs)**: As DEXs permitem que os usuários troquem criptomoedas diretamente entre

si, sem a necessidade de uma exchange centralizada.

Exemplo: Uniswap e SushiSwap são exemplos de DEXs que utilizam modelos de formador de mercado automatizado (AMM) para facilitar a negociação de tokens.

Análise: As DEXs oferecem maior privacidade e controle sobre os fundos dos usuários, mas também apresentam desafios em termos de liquidez e complexidade de uso.

Non-Fungible Tokens (NFTs)

Os Non-Fungible Tokens, ou NFTs, são tokens únicos que representam propriedade digital de ativos como arte, música, vídeos e itens de jogos.

1. **Arte Digital e Colecionáveis**: NFTs estão revolucionando o mercado de arte digital, permitindo que artistas vendam suas obras diretamente aos consumidores e garantam autenticidade e propriedade.

Exemplo: O artista digital Beeple vendeu um NFT de sua obra "Everydays: The First 5000 Days" por $69 milhões na Christie's, destacando o potencial dos NFTs no mercado de arte.

Análise: Os NFTs oferecem novas oportunidades para artistas e criadores de conteúdo, mas também levantam questões sobre direitos autorais, sustentabilidade e bolhas especulativas.

2. **Jogos e Metaverso**: NFTs estão sendo integrados em jogos e mundos virtuais, permitindo que os jogadores possuam e troquem itens digitais únicos.

Exemplo: Jogos como Axie Infinity e Decentraland utilizam NFTs para representar personagens, terrenos e itens de jogo, criando economias digitais vibrantes.

Análise: A integração de NFTs em jogos e metaversos pode transformar a indústria de jogos, proporcionando novas formas de monetização e engajamento para jogadores e desenvolvedores.

Stablecoins

Stablecoins são criptomoedas projetadas para manter um valor estável, geralmente atrelado a uma moeda fiduciária como o dólar americano.

1. **Uso em Transações**: Stablecoins são amplamente usadas em transações de criptomoedas, proporcionando uma forma estável de valor que pode ser facilmente trocada por outras criptomoedas.

Exemplo: Tether (USDT) e USD Coin (USDC) são stablecoins populares que são amplamente usadas em exchanges de criptomoedas para facilitar a negociação.

Análise: Stablecoins oferecem uma solução para a volatilidade das criptomoedas, tornando-as mais adequadas para transações cotidianas e comércio eletrônico.

2. **Desafios Regulatórios**: As stablecoins enfrentam desafios regulatórios, com

autoridades financeiras preocupadas com a transparência, a reserva de ativos e o impacto na estabilidade financeira.

Exemplo: Em 2021, o Departamento do Tesouro dos Estados Unidos propôs regulamentações mais rigorosas para emissores de stablecoins, exigindo maior transparência e conformidade.

Análise: A regulamentação das stablecoins é crucial para garantir sua integridade e estabilidade, mas deve ser equilibrada para não sufocar a inovação.

O Papel das Criptomoedas na Economia Digital

Inclusão Financeira

As criptomoedas têm o potencial de promover a inclusão financeira, proporcionando acesso a serviços financeiros para populações desbancarizadas e sub-bancarizadas.

1. **Acesso a Serviços Bancários**: As criptomoedas permitem que pessoas sem

acesso a bancos tradicionais participem da economia digital, enviando e recebendo pagamentos globalmente.

Exemplo: Em países como a Venezuela e o Quênia, as criptomoedas são usadas como uma forma de proteger a riqueza contra a inflação e a instabilidade econômica.

Análise: A inclusão financeira proporcionada pelas criptomoedas pode reduzir a desigualdade econômica e capacitar indivíduos em regiões subdesenvolvidas, promovendo a estabilidade e o crescimento econômico.

2. **Microfinanças e Empréstimos**: As plataformas de DeFi oferecem serviços de microfinanças e empréstimos, permitindo que indivíduos e pequenas empresas acessem crédito sem a necessidade de intermediários tradicionais.

Exemplo: Plataformas como Celo e Kiva utilizam criptomoedas para oferecer microempréstimos a empreendedores em países em desenvolvimento.

Análise: As microfinanças baseadas em criptomoedas podem promover o empreendedorismo e o desenvolvimento econômico em regiões com acesso limitado a serviços financeiros tradicionais.

Comércio e Pagamentos

As criptomoedas estão transformando o comércio e os pagamentos, oferecendo uma alternativa rápida, segura e econômica às formas tradicionais de pagamento.

1. **Pagamentos Internacionais**: As criptomoedas permitem transferências internacionais rápidas e baratas, reduzindo os custos e o tempo associados às transferências bancárias tradicionais.

Exemplo: Empresas como Ripple e Stellar estão desenvolvendo soluções para pagamentos internacionais baseadas em blockchain, facilitando transferências de dinheiro entre países.

Análise: A eficiência e o baixo custo das transferências internacionais com criptomoedas podem beneficiar tanto consumidores quanto empresas, incentivando o comércio global.

2. **Comércio Eletrônico**: As criptomoedas estão sendo cada vez mais aceitas por comerciantes online, oferecendo uma forma conveniente e segura de pagamento.

Exemplo: Plataformas de comércio eletrônico como Shopify e Overstock aceitam pagamentos em criptomoedas, expandindo as opções de pagamento para os consumidores.

Análise: A aceitação de criptomoedas no comércio eletrônico pode aumentar a conveniência e a segurança para os consumidores, promovendo a adoção generalizada de moedas digitais.

Previsões sobre o Futuro do Mercado de Criptomoedas

Adoção Generalizada

A adoção generalizada de criptomoedas pode transformar o sistema financeiro global, promovendo a inclusão financeira, a eficiência e a inovação.

1. **Adoção por Instituições**: O interesse crescente de investidores institucionais em criptomoedas pode aumentar a legitimidade e a confiança no mercado.

Exemplo: Empresas como MicroStrategy e Tesla investiram bilhões de dólares em Bitcoin, sinalizando confiança no potencial a longo prazo das criptomoedas.

Análise: O investimento institucional pode atrair mais participantes para o mercado de criptomoedas, promovendo a adoção e a aceitação generalizada.

2. **Integração com Sistemas Financeiros Tradicionais**: A integração das

criptomoedas com sistemas financeiros tradicionais pode facilitar a adoção e o uso em transações cotidianas.

Exemplo: Parcerias entre empresas de criptomoedas e instituições financeiras tradicionais, como a colaboração entre Visa e Crypto.com, podem criar sinergias e promover a aceitação.

Análise: A integração com sistemas financeiros tradicionais pode aumentar a conveniência e a acessibilidade das criptomoedas, incentivando a adoção generalizada.

Regulação e Conformidade

A regulamentação das criptomoedas será um fator crucial para seu futuro, influenciando a confiança dos investidores e a aceitação generalizada.

1. **Clareza Regulatória**: A clareza e a consistência nas regulamentações podem aumentar a confiança no mercado de

criptomoedas, protegendo os consumidores e promovendo a inovação.

Exemplo: A União Europeia está desenvolvendo o Regulamento dos Mercados de Criptoativos (MiCA), que visa estabelecer regras claras para a emissão e negociação de criptoativos.

Análise: A clareza regulatória é essencial para promover a confiança e a aceitação das criptomoedas. Governos e reguladores devem trabalhar para desenvolver políticas equilibradas que incentivem a inovação enquanto protegem os consumidores.

2. **Conformidade com Leis Locais**: Empresas que aceitam criptomoedas devem garantir que suas operações estejam em conformidade com as leis locais, incluindo requisitos de AML/KYC.

Exemplo: Exchanges de criptomoedas nos Estados Unidos são obrigadas a registrar-se na FinCEN e implementar programas de conformidade AML/KYC para prevenir atividades ilícitas.

Análise: A conformidade regulatória é crucial para evitar penalidades e proteger os consumidores. Empresas que aceitam criptomoedas devem estar cientes das exigências legais em suas jurisdições.

Inovação Tecnológica

A inovação tecnológica continuará a impulsionar o desenvolvimento e a adoção das criptomoedas, criando novas oportunidades e desafios.

1. **Escalabilidade**: A escalabilidade é um desafio crucial para as criptomoedas, à medida que a demanda por transações aumenta. Soluções como sharding, proof-of-stake (PoS) e sidechains estão sendo desenvolvidas para melhorar a capacidade das redes blockchain.

   Exemplo: Ethereum 2.0 está implementando a transição para proof-of-stake e sharding para aumentar a escalabilidade e reduzir as taxas de transação.

Análise: A melhoria da escalabilidade é essencial para suportar o crescimento e a adoção das criptomoedas, permitindo que as redes blockchain lidem com um maior volume de transações.

2. **Interoperabilidade**: A interoperabilidade entre diferentes blockchains pode facilitar a troca de valor e informações, promovendo a integração das criptomoedas no sistema financeiro global.

Exemplo: Projetos como Polkadot e Cosmos estão trabalhando para criar pontes entre diferentes blockchains, permitindo a comunicação e a transferência de valor entre elas.

Análise: A interoperabilidade pode aumentar a eficiência e a conveniência das transações com criptomoedas, incentivando a adoção generalizada.

Cenários Possíveis para o Futuro das Criptomoedas

Cenário Otimista

No cenário otimista, as criptomoedas alcançam adoção generalizada, impulsionadas por inovações tecnológicas, clareza regulatória e aceitação institucional.

1. **Adoção Generalizada**: As criptomoedas são amplamente aceitas como meio de pagamento, reserva de valor e plataforma para serviços financeiros descentralizados.

Exemplo: Grandes empresas, governos e instituições financeiras adotam criptomoedas para transações cotidianas, investimentos e serviços financeiros.

Análise: A adoção generalizada das criptomoedas pode transformar o sistema financeiro global, promovendo a inclusão financeira, a eficiência e a inovação.

2. **Regulação Equilibrada**: Reguladores desenvolvem políticas equilibradas que incentivam a inovação enquanto protegem os consumidores e garantem a estabilidade financeira.

Exemplo: Regulações claras e consistentes promovem a confiança no mercado de criptomoedas, atraindo mais investidores e participantes.

Análise: A clareza regulatória é essencial para promover a confiança e a aceitação das criptomoedas, incentivando a adoção generalizada.

Cenário Pessimista

No cenário pessimista, as criptomoedas enfrentam desafios significativos, incluindo regulamentações restritivas, falta de inovação e volatilidade persistente.

1. **Regulamentações Restritivas**: Governos impõem regulamentações severas que restringem o uso e a inovação

das criptomoedas, limitando sua adoção e crescimento.

Exemplo: Proibições de criptomoedas em países como China e Índia dificultam a adoção e o uso de moedas digitais.

Análise: Regulamentações restritivas podem sufocar a inovação e limitar as oportunidades oferecidas pelas criptomoedas, impedindo seu crescimento e aceitação.

2. **Falta de Inovação**: A falta de avanços tecnológicos em áreas como escalabilidade e interoperabilidade limita a capacidade das criptomoedas de lidar com a demanda crescente.

Exemplo: Redes blockchain enfrentam congestionamento e altas taxas de transação, dificultando o uso em transações cotidianas.

Análise: A falta de inovação tecnológica pode limitar o potencial das criptomoedas e impedir sua adoção generalizada.

Conclusão

O futuro das criptomoedas é cheio de possibilidades e desafios. As tendências emergentes, como DeFi, NFTs e stablecoins, estão transformando o mercado e criando novas oportunidades para consumidores, empresas e investidores. As criptomoedas têm o potencial de promover a inclusão financeira, transformar o comércio e os pagamentos e integrar-se ao sistema financeiro global.

As previsões sobre o futuro do mercado de criptomoedas variam, desde cenários otimistas de adoção generalizada e inovação contínua até cenários pessimistas de regulamentações restritivas e falta de avanços tecnológicos. O papel das criptomoedas na economia digital dependerá de fatores como clareza regulatória, aceitação institucional e inovação tecnológica.

Este capítulo fornece uma visão abrangente das tendências emergentes, do papel das criptomoedas na economia digital e das previsões sobre o futuro do mercado. Com uma abordagem informada e proativa, consumidores, empresas e investidores podem aproveitar as oportunidades oferecidas pelas criptomoedas e contribuir para a evolução do sistema financeiro global.

Capítulo 10: Explorando Oportunidades Avançadas

Introdução

O mercado de criptomoedas está repleto de oportunidades avançadas que vão além da simples compra e venda de moedas digitais. Este capítulo explora algumas dessas oportunidades, incluindo Finanças Descentralizadas (DeFi), Tokens Não Fungíveis (NFTs), staking e yield farming. Explicamos o que são essas oportunidades, como funcionam e como os investidores podem aproveitá-las para maximizar seus ganhos. Cada seção é detalhada com exemplos práticos e análises para ajudar os leitores a entender e explorar essas oportunidades avançadas.

Finanças Descentralizadas (DeFi)

O Que é DeFi?

Finanças Descentralizadas, ou DeFi, é um movimento que visa recriar serviços financeiros tradicionais em uma plataforma descentralizada, utilizando contratos inteligentes em blockchains como Ethereum. O DeFi elimina a necessidade de intermediários, como bancos e corretoras, permitindo que os usuários acessem serviços financeiros de forma direta e transparente.

Como Funciona o DeFi?

O DeFi utiliza contratos inteligentes para automatizar e executar transações financeiras. Esses contratos são programas autoexecutáveis que operam em blockchains, garantindo que as transações ocorram conforme as regras predefinidas.

1. **Lending e Borrowing**: Plataformas de DeFi permitem que os usuários emprestem e tomem emprestado criptomoedas sem a necessidade de intermediários tradicionais.

Exemplo: Aave e Compound são plataformas populares de DeFi que permitem aos usuários emprestar suas criptomoedas e ganhar juros, ou tomar emprestado contra suas criptomoedas como garantia.

Análise: O lending e borrowing no DeFi oferecem uma alternativa eficiente e acessível aos serviços de empréstimo tradicionais, com taxas de juros competitivas e acesso global.

2. **Exchanges Descentralizadas (DEXs)**: As DEXs permitem que os usuários troquem criptomoedas diretamente entre si, sem a necessidade de uma exchange centralizada.

Exemplo: Uniswap e SushiSwap são exemplos de DEXs que utilizam modelos de formador de mercado automatizado (AMM) para facilitar a negociação de tokens.

Análise: As DEXs oferecem maior privacidade e controle sobre os fundos dos usuários, mas também apresentam desafios em termos de liquidez e complexidade de uso.

Como Aproveitar o DeFi?

Investidores podem aproveitar o DeFi de várias maneiras, incluindo lending, borrowing, trading e participação em pools de liquidez.

1. **Lending e Borrowing**: Investidores podem emprestar suas criptomoedas em plataformas de DeFi e ganhar juros sobre seus ativos. Alternativamente, podem tomar emprestado contra suas criptomoedas para acessar liquidez sem vender seus ativos.

Exemplo: Emprestar DAI em plataformas como Compound pode render juros anuais competitivos, enquanto tomar emprestado contra ETH pode fornecer liquidez sem a necessidade de vender o ativo.

Análise: O lending e borrowing no DeFi são adequados para investidores que desejam gerar rendimento passivo ou acessar liquidez sem vender seus ativos.

2. **Trading em DEXs**: Investidores podem negociar criptomoedas em DEXs,

aproveitando a privacidade e o controle sobre seus fundos.

Exemplo: Negociar tokens em Uniswap permite que os investidores troquem criptomoedas diretamente de suas carteiras, sem a necessidade de uma exchange centralizada.

Análise: O trading em DEXs é adequado para investidores que valorizam a privacidade e o controle, mas devem estar cientes das taxas de transação e da liquidez disponível.

3. **Participação em Pools de Liquidez**: Investidores podem fornecer liquidez a DEXs e ganhar recompensas em forma de taxas de transação e tokens de governança.

Exemplo: Fornecer liquidez a um par de negociação em Uniswap pode render uma parte das taxas de transação geradas pelo pool.

Análise: A participação em pools de liquidez pode ser lucrativa, mas os investidores devem estar cientes dos riscos de impermanent loss e da volatilidade dos tokens fornecidos.

Tokens Não Fungíveis (NFTs)

O Que São NFTs?

Tokens Não Fungíveis, ou NFTs, são tokens únicos que representam propriedade digital de ativos como arte, música, vídeos e itens de jogos. Ao contrário das criptomoedas fungíveis, como Bitcoin e Ethereum, cada NFT é único e não pode ser trocado por outro token de valor equivalente.

Como Funcionam os NFTs?

Os NFTs são criados e negociados em plataformas de blockchain, como Ethereum, utilizando padrões de tokens como ERC-721 e ERC-1155. Esses padrões garantem a unicidade e a propriedade dos NFTs.

1. **Criação de NFTs**: Artistas e criadores de conteúdo podem criar NFTs representando suas obras digitais e vendê-los diretamente aos consumidores.

Exemplo: Um artista digital pode criar um NFT de sua obra e vendê-lo em plataformas como OpenSea ou Rarible, garantindo a autenticidade e a propriedade da obra.

Análise: A criação de NFTs oferece novas oportunidades para artistas e criadores de conteúdo monetizarem suas obras, mas também requer uma compreensão das plataformas e dos padrões de tokens.

2. **Negociação de NFTs**: Os NFTs podem ser comprados, vendidos e negociados em mercados especializados, permitindo que os colecionadores adquiram e troquem ativos digitais únicos.

Exemplo: Um colecionador pode comprar um NFT de arte digital em uma plataforma como SuperRare e vendê-lo posteriormente a um preço mais alto, dependendo da demanda e da popularidade do artista.

Análise: A negociação de NFTs pode ser lucrativa, mas os investidores devem estar cientes da volatilidade do mercado e da natureza especulativa dos preços dos NFTs.

Como Aproveitar os NFTs?

Investidores podem aproveitar os NFTs de várias maneiras, incluindo a criação, compra, venda e negociação de ativos digitais únicos.

1. **Criação e Venda de NFTs**: Artistas e criadores de conteúdo podem criar NFTs representando suas obras e vendê-los diretamente aos consumidores, monetizando seu trabalho de forma inovadora.

Exemplo: Um músico pode criar NFTs de suas músicas e vendê-los em plataformas como Audius, permitindo que os fãs comprem e possuam versões exclusivas das músicas.

Análise: A criação e venda de NFTs oferecem novas oportunidades de monetização para artistas, mas também requerem uma compreensão das plataformas e dos padrões de tokens.

2. **Compra e Colecionismo de NFTs**: Investidores e colecionadores podem comprar NFTs de arte digital, música, vídeos e itens de jogos, adquirindo ativos digitais únicos e potencialmente valiosos.

Exemplo: Comprar um NFT de arte digital de um artista emergente pode ser um investimento lucrativo se a popularidade do artista crescer.

Análise: O colecionismo de NFTs pode ser uma forma emocionante de investir em ativos digitais, mas os investidores devem estar cientes da volatilidade e da natureza especulativa do mercado.

3. **Negociação de NFTs**: Investidores podem negociar NFTs em mercados especializados, comprando e vendendo ativos digitais para obter lucros.

Exemplo: Comprar um NFT de um item de jogo raro e vendê-lo posteriormente a um preço mais alto em plataformas como OpenSea pode ser uma estratégia lucrativa.

Análise: A negociação de NFTs pode ser lucrativa, mas os investidores devem estar cientes da volatilidade do mercado e da natureza especulativa dos preços dos NFTs.

Staking

O Que é Staking?

Staking é o processo de participar ativamente na validação de transações em uma blockchain proof-of-stake (PoS) ou delegada proof-of-stake (DPoS). Os participantes, conhecidos como stakers, bloqueiam uma quantidade de criptomoedas como garantia para validar transações e proteger a rede.

Como Funciona o Staking?

O staking envolve bloquear uma quantidade de criptomoedas em uma carteira para participar da validação de transações e ganhar recompensas. As recompensas são geralmente pagas em forma de criptomoedas adicionais.

1. **Proof-of-Stake (PoS)**: Em blockchains PoS, os validadores são selecionados para criar novos blocos e validar transações com base na quantidade de criptomoedas que possuem e estão dispostos a bloquear como garantia.

Exemplo: Em Ethereum 2.0, os validadores precisam bloquear um mínimo de 32 ETH para participar do processo de staking e ganhar recompensas.

Análise: O staking em blockchains PoS oferece uma maneira de ganhar rendimento passivo, mas também requer uma quantidade significativa de criptomoedas como garantia.

2. **Delegated Proof-of-Stake (DPoS)**: Em blockchains DPoS, os participantes podem delegar suas criptomoedas a validadores eleitos, que são responsáveis por criar novos blocos e validar transações.

Exemplo: Em Tezos, os participantes podem delegar seus XTZ a validadores (bakers) e ganhar uma parte das recompensas de staking.

Análise: O staking em blockchains DPoS oferece uma maneira mais acessível de participar da validação de transações, permitindo que os participantes deleguem suas criptomoedas a validadores eleitos.

Como Aproveitar o Staking?

Investidores podem aproveitar o staking de várias maneiras, incluindo o staking direto em blockchains PoS e a delegação de criptomoedas em blockchains DPoS.

1. **Staking Direto**: Investidores podem bloquear suas criptomoedas diretamente em uma blockchain PoS para participar da validação de transações e ganhar recompensas.

Exemplo: Bloquear 32 ETH em Ethereum 2.0 para participar do processo de staking e ganhar recompensas em ETH.

Análise: O staking direto oferece uma maneira de ganhar rendimento passivo, mas requer uma quantidade significativa de criptomoedas como garantia e um entendimento do processo de validação.

2. **Delegação de Criptomoedas**: Investidores podem delegar suas criptomoedas a validadores eleitos em blockchains DPoS e ganhar uma parte das recompensas de staking.

Exemplo: Delegar XTZ a um validador (baker) em Tezos e ganhar uma parte das recompensas de staking.

Análise: A delegação de criptomoedas oferece uma maneira mais acessível de participar do staking, permitindo que os investidores ganhem recompensas sem a necessidade de bloquear grandes quantidades de criptomoedas.

Yield Farming

O Que é Yield Farming?

Yield farming, também conhecido como liquidity mining, é o processo de fornecer liquidez a plataformas de DeFi em troca de recompensas. Os investidores bloqueiam suas criptomoedas em pools de liquidez e ganham recompensas em forma de tokens adicionais.

Como Funciona o Yield Farming?

O yield farming envolve fornecer liquidez a plataformas de DeFi, como DEXs e protocolos de lending, em troca de recompensas. As recompensas são geralmente pagas em forma de tokens de governança ou outros tokens de criptomoedas.

1. **Fornecimento de Liquidez**: Os investidores fornecem liquidez a pools de liquidez em DEXs, permitindo que outros usuários negociem tokens. Em troca, os investidores ganham uma parte das taxas de transação e recompensas adicionais.

Exemplo: Fornecer liquidez a um par de negociação em Uniswap e ganhar uma parte das taxas de transação geradas pelo pool, além de recompensas em tokens UNI.

Análise: O fornecimento de liquidez pode ser lucrativo, mas os investidores devem estar cientes dos riscos de impermanent loss e da volatilidade dos tokens fornecidos.

2. **Participação em Protocolos de Lending**: Os investidores podem fornecer criptomoedas a protocolos de lending, permitindo que outros usuários tomem emprestado contra suas garantias. Em troca, os investidores ganham juros e recompensas adicionais.

Exemplo: Fornecer DAI a um protocolo de lending como Compound e ganhar juros em DAI, além de recompensas em tokens COMP.

Análise: A participação em protocolos de lending oferece uma maneira de ganhar rendimento passivo, mas os investidores devem estar cientes dos riscos de crédito e da volatilidade dos tokens fornecidos.

Como Aproveitar o Yield Farming?

Investidores podem aproveitar o yield farming de várias maneiras, incluindo o fornecimento de liquidez a DEXs e a participação em protocolos de lending.

1. **Fornecimento de Liquidez a DEXs**: Investidores podem fornecer liquidez a pools de liquidez em DEXs e ganhar uma parte das taxas de transação e recompensas adicionais.

Exemplo: Fornecer liquidez a um par de negociação em SushiSwap e ganhar uma parte das taxas de transação geradas pelo pool, além de recompensas em tokens SUSHI.

Análise: O fornecimento de liquidez a DEXs pode ser lucrativo, mas os investidores devem estar cientes dos riscos de impermanent loss e da volatilidade dos tokens fornecidos.

2. **Participação em Protocolos de Lending**: Investidores podem fornecer

criptomoedas a protocolos de lending e ganhar juros e recompensas adicionais.

Exemplo: Fornecer USDC a um protocolo de lending como Aave e ganhar juros em USDC, além de recompensas em tokens AAVE.

Análise: A participação em protocolos de lending oferece uma maneira de ganhar rendimento passivo, mas os investidores devem estar cientes dos riscos de crédito e da volatilidade dos tokens fornecidos.

Conclusão

O mercado de criptomoedas oferece uma ampla gama de oportunidades avançadas que vão além da simples compra e venda de moedas digitais. Finanças Descentralizadas (DeFi), Tokens Não Fungíveis (NFTs), staking e yield farming são algumas das oportunidades mais promissoras, oferecendo maneiras inovadoras de maximizar os ganhos e participar do ecossistema de criptomoedas.

Investidores que desejam explorar essas oportunidades devem dedicar tempo para entender como funcionam, os riscos envolvidos e as estratégias para maximizar os ganhos. Com uma abordagem informada e proativa, os investidores podem aproveitar as oportunidades avançadas no mercado de criptomoedas e contribuir para a evolução do sistema financeiro global.

Capítulo Bônus: Estratégias para Enriquecer com Criptomoedas

Introdução

Enriquecer com criptomoedas é uma possibilidade que fascina muitos investidores. No entanto, é crucial entender que essa não deve ser a única motivação ao entrar nesse mercado. Em vez disso, é necessário abordar as criptomoedas como uma oportunidade que pode ser maximizada através de estratégias bem pensadas e uma gestão de risco eficaz. Neste capítulo, discutiremos como você pode aumentar suas chances de sucesso no mercado de criptomoedas, explorando estratégias práticas e reais.

Entendendo a Natureza das Criptomoedas

Antes de mais nada, é essencial reconhecer que ficar rico com criptomoedas não pode ser seu único objetivo. Devemos ver isso como uma possibilidade e aprender a jogar de maneira que essa possibilidade se torne mais tangível. Isso envolve entender a relação de risco-retorno e evitar colocar tudo a perder.

A Fórmula para o Sucesso

Existe uma fórmula viável para enriquecer com criptomoedas, e ela começa com a compreensão do mercado e a adoção de uma visão de longo prazo. Muitos vídeos e artigos prometem riquezas rápidas com listas de criptomoedas "milionárias", mas essas promessas são frequentemente enganosas. Nosso objetivo aqui é discutir estratégias reais e palpáveis.

A Importância da Visão de Longo Prazo

Um dos pontos comuns entre aqueles que ficaram milionários com criptomoedas é a visão de longo prazo. Investir em criptomoedas exige paciência e a capacidade de suportar as flutuações do mercado.

Comprar na Baixa e Segurar

Historicamente, aqueles que compraram Bitcoin quando ninguém o queria e seguraram seus investimentos acabaram se saindo bem. Por exemplo, mesmo em períodos recentes, investidores que compraram Bitcoin por alguns milhares de reais e seguraram suas posições tiveram a oportunidade de se tornar milionários.

Exemplo: Investidores que compraram Bitcoin durante o bear market e mantiveram suas posições viram seus investimentos multiplicarem várias vezes durante os ciclos de alta.

Análise: Comprar criptomoedas durante períodos de baixa e mantê-las a longo prazo pode aumentar significativamente suas chances de enriquecer no mercado de criptomoedas.

O Poder do Bitcoin

O Bitcoin é frequentemente visto como o "comandante" do mercado de criptomoedas.

Quando o Bitcoin está em queda, é improvável que outras criptomoedas (altcoins) tenham um desempenho positivo. Por outro lado, quando o Bitcoin está em alta, muitas altcoins também tendem a subir.

A Relação entre Bitcoin e Altcoins

Enquanto o Bitcoin estiver caindo, investir em altcoins pode ser arriscado, pois elas tendem a acompanhar a queda do Bitcoin. No entanto, quando o Bitcoin começa a subir, as altcoins podem apresentar ganhos ainda maiores.

Exemplo: Durante um mercado de alta, o Bitcoin pode subir 30-50%, enquanto altcoins promissoras podem subir 100-200%.

Análise: Entender a relação entre Bitcoin e altcoins é crucial para maximizar os retornos no mercado de criptomoedas. Investir em altcoins durante um mercado de alta pode oferecer retornos substanciais, mas requer uma boa gestão de risco.

Gestão de Risco

Buscar uma boa relação risco-retorno é fundamental. Correr riscos exagerados para um retorno potencial baixo não é uma estratégia eficaz. A gestão de risco deve ser uma prioridade para qualquer investidor em criptomoedas.

Diversificação e Alocação de Ativos

Diversificar seu portfólio e alocar seus ativos de acordo com o fluxo do mercado é uma prática recomendada. Isso envolve ajustar suas posições em altcoins e Bitcoin com base nas condições do mercado.

Exemplo: Durante um mercado de alta, aumentar a exposição a altcoins promissoras pode multiplicar várias vezes o capital investido. Em um mercado de baixa, manter uma posição maior em Bitcoin pode oferecer mais estabilidade.

Análise: A diversificação e a gestão de risco são essenciais para proteger seu capital e maximizar os retornos no mercado de criptomoedas.

Aproveitando Oportunidades em Launchpads

Launchpads são plataformas que permitem que investidores participem de lançamentos de novos tokens. Durante mercados de alta, esses lançamentos podem oferecer retornos extraordinários.

Participação em Launchpads

Participar de lançamentos em plataformas como Binance Launchpad pode oferecer oportunidades significativas de multiplicação de capital.

Exemplo: Em 2021, alguns lançamentos no Binance Launchpad ofereceram retornos de até 6.000% em um único dia.

Análise: Participar de launchpads pode ser extremamente lucrativo durante mercados de alta, mas requer uma compreensão das plataformas e dos projetos lançados.

Conclusão

Enriquecer com criptomoedas é uma possibilidade real, mas requer uma abordagem estratégica, uma visão de longo prazo e uma gestão de risco eficaz. Comprar na baixa, entender a relação entre Bitcoin e altcoins, diversificar seu portfólio e aproveitar oportunidades em launchpads são algumas das estratégias que podem aumentar suas chances de sucesso.

Conclusão: Criptomoedas: A Nova Era das Finanças

Recapitulação dos Principais Pontos

Ao longo deste livro, exploramos o fascinante e dinâmico mundo das criptomoedas, uma inovação financeira que está transformando a maneira como pensamos sobre dinheiro, transações e investimentos. Desde os fundamentos das criptomoedas até as oportunidades avançadas no mercado, cobrimos uma ampla gama de tópicos para fornecer uma compreensão abrangente deste setor emergente.

1. **Fundamentos das Criptomoedas**: Iniciamos com uma introdução aos conceitos básicos das criptomoedas e da tecnologia blockchain, destacando como essas inovações estão redefinindo o sistema financeiro global.

2. **História e Evolução**: Discutimos a história das criptomoedas, desde o surgimento do Bitcoin até o desenvolvimento de milhares de altcoins, cada uma com suas características e propósitos únicos.

3. **Investimento em Criptomoedas**: Exploramos estratégias de investimento, desde a compra e venda de criptomoedas até a diversificação de portfólio e a gestão de risco, destacando a importância de uma abordagem informada e estratégica.

4. **Regulamentação e Legislação**: Analisamos a situação legal das criptomoedas em diferentes partes do mundo, discutindo o impacto das regulamentações no mercado e como elas podem moldar o futuro do setor.

5. **Casos de Sucesso e Lições Aprendidas**: Compartilhamos histórias de investidores bem-sucedidos e discutimos erros comuns e lições aprendidas,

oferecendo insights valiosos para novos investidores.

6. **Criptomoedas no Dia a Dia**: Demonstramos como as criptomoedas estão sendo usadas para compras e serviços, destacando a adoção por empresas e instituições e o impacto na economia global.

7. **O Futuro das Criptomoedas**: Exploramos as tendências emergentes e fizemos previsões sobre o futuro do mercado, discutindo cenários possíveis e como as criptomoedas podem continuar a evoluir e influenciar o sistema financeiro global.

8. **Oportunidades Avançadas**: Descrevemos oportunidades avançadas no mercado de criptomoedas, como DeFi, NFTs, staking e yield farming, explicando como os investidores podem aproveitá-las para maximizar seus ganhos.

A Importância da Educação Contínua

O mercado de criptomoedas é dinâmico e está em constante evolução. Novas tecnologias, regulamentações e oportunidades surgem regularmente, tornando essencial a educação contínua para qualquer pessoa interessada em participar deste mercado.

Educação e Atualização: Manter-se atualizado sobre as tendências, inovações e mudanças regulatórias é crucial para tomar decisões informadas e aproveitar as oportunidades no mercado de criptomoedas. A educação contínua pode ser alcançada através de leitura de artigos, participação em webinars, cursos online e envolvimento em comunidades de criptomoedas.

Análise Crítica: Desenvolver habilidades de análise crítica é fundamental para avaliar projetos de criptomoedas, entender os riscos envolvidos e tomar decisões de investimento prudentes. Isso inclui a capacidade de realizar due diligence, interpretar white papers e avaliar a viabilidade de projetos.

Adaptação e Flexibilidade: O mercado de criptomoedas é volátil e pode mudar rapidamente. Ser capaz de se adaptar a novas informações e ajustar suas estratégias de investimento é uma habilidade valiosa que pode ajudar a mitigar riscos e maximizar retornos.

Encorajamento para o Futuro

À medida que concluímos esta jornada pelo mundo das criptomoedas, encorajamos você, leitor, a continuar aprendendo e se atualizando sobre este setor emocionante e em rápida evolução. As criptomoedas representam uma nova era das finanças, repleta de oportunidades e desafios. Com uma abordagem informada e proativa, você pode navegar neste mercado com confiança e potencialmente alcançar grandes sucessos.

Participe da Comunidade: Envolver-se com a comunidade de criptomoedas pode proporcionar acesso a informações valiosas, suporte e oportunidades de networking. Participar de fóruns, grupos de discussão e eventos do setor pode enriquecer seu conhecimento e experiência.

Explore Novas Oportunidades: Não tenha medo de explorar novas oportunidades e tecnologias no mundo das criptomoedas. Seja curioso e esteja aberto a aprender sobre novas tendências, como DeFi, NFTs e outras inovações que podem surgir.

Invista em Sua Educação: Considere investir em sua educação através de cursos, certificações e leituras contínuas. A educação é um investimento em si mesmo que pode proporcionar retornos significativos ao longo do tempo.

Conclusão

As criptomoedas estão transformando o sistema financeiro global, oferecendo novas formas de transação, investimento e inovação. Este livro foi uma introdução abrangente a este mundo dinâmico, e esperamos que tenha proporcionado insights valiosos e uma base sólida para sua jornada no mercado de criptomoedas.

Continue aprendendo, explorando e se adaptando às mudanças. O futuro das finanças está nas criptomoedas, e você está agora equipado com o conhecimento necessário para ser parte desta revolução.

Apêndices: Criptomoedas: A Nova Era das Finanças

Glossário de Termos Relacionados a Criptomoedas e Blockchain

- **Altcoin**: Qualquer criptomoeda que não seja o Bitcoin. Exemplos incluem Ethereum, Litecoin e Ripple.

- **Blockchain**: Um ledger digital descentralizado e imutável que registra todas as transações feitas com criptomoedas.

- **Cold Wallet**: Uma carteira de criptomoedas offline, usada para armazenar criptomoedas de forma segura.

- **Cryptocurrency**: Moeda digital ou virtual que utiliza criptografia para segurança.

- **Decentralized Finance (DeFi)**: Movimento que visa recriar serviços financeiros tradicionais em uma plataforma descentralizada, utilizando contratos inteligentes.

- **Ethereum**: Plataforma de blockchain que permite a criação e execução de contratos inteligentes e aplicativos descentralizados (dApps).

- **Exchange**: Plataforma onde se pode comprar, vender e trocar criptomoedas.

- **Fork**: Atualização ou divisão no protocolo de uma blockchain que resulta na criação de uma nova versão da blockchain.

- **Gas**: Taxa paga para realizar transações ou executar contratos inteligentes na rede Ethereum.

- **HODL**: Estratégia de investimento que envolve manter criptomoedas a longo prazo, independentemente das flutuações de preço.

- **ICO (Initial Coin Offering)**: Método de arrecadação de fundos em que novos projetos de criptomoedas vendem tokens aos investidores.

- **Mining**: Processo de validação de transações e criação de novos blocos em uma blockchain, geralmente recompensado com criptomoedas.

- **NFT (Non-Fungible Token)**: Token digital único que representa propriedade de um ativo específico, como arte digital ou itens de jogos.

- **Private Key**: Chave criptográfica privada que permite acesso e controle sobre as criptomoedas em uma carteira.

- **Proof-of-Stake (PoS)**: Mecanismo de consenso em que os validadores são selecionados com base na quantidade de criptomoedas que possuem e estão dispostos a bloquear como garantia.

- **Proof-of-Work (PoW)**: Mecanismo de consenso em que os mineradores resolvem problemas matemáticos complexos para validar transações e criar novos blocos.

- **Smart Contract**: Contrato autoexecutável com os termos do acordo diretamente escritos em código de programação.

- **Stablecoin**: Criptomoeda projetada para manter um valor estável, geralmente atrelado a uma moeda fiduciária como o dólar americano.

- **Wallet**: Software ou dispositivo físico usado para armazenar e gerenciar criptomoedas.

Recursos Adicionais para Estudo

Livros

1. **"Mastering Bitcoin" por Andreas M. Antonopoulos**: Um guia abrangente sobre Bitcoin e a tecnologia blockchain subjacente.

2. **"The Bitcoin Standard" por Saifedean Ammous**: Explora a história do dinheiro e o impacto do Bitcoin como uma nova forma de dinheiro.

3. **"Blockchain Basics" por Daniel Drescher**: Uma introdução acessível à tecnologia blockchain e suas aplicações.

4. **"Cryptoassets: The Innovative Investor's Guide to Bitcoin and Beyond" por Chris Burniske e Jack Tatar**: Guia para investir em criptomoedas e outros ativos digitais.

Sites

1. **CoinMarketCap (**https://coinmarketcap.com/**)**: Plataforma para acompanhar preços, capitalização de mercado e informações sobre criptomoedas.

2. **CoinGecko (**https://www.coingecko.com/**)**: Ferramenta de análise de mercado de

criptomoedas que fornece dados sobre preços, volume de negociação e capitalização de mercado.

3. **Ethereum Foundation (**https://ethereum.org/**)**: Fonte oficial de informações sobre a rede Ethereum e seus desenvolvimentos.

4. **Bitcoin.org (**https://bitcoin.org/**)**: Fonte oficial de informações sobre o Bitcoin, incluindo documentação e recursos educacionais.

Cursos

1. **"Bitcoin and Cryptocurrency Technologies" (Coursera)**: Curso oferecido pela Universidade de Princeton, cobrindo os fundamentos do Bitcoin e outras criptomoedas.

2. **"Blockchain Basics" (Coursera)**: Curso introdutório sobre blockchain oferecido pela Universidade de Buffalo.

3. **"Ethereum and Solidity: The Complete Developer's Guide" (Udemy)**: Curso prático para aprender a desenvolver contratos inteligentes e aplicativos descentralizados na rede Ethereum.

4. **"Decentralized Finance (DeFi) Infrastructure" (Coursera)**: Curso oferecido pela Duke University, cobrindo os fundamentos e aplicações do DeFi.

Contatos e Comunidades Relevantes

Fóruns e Grupos de Discussão

1. **BitcoinTalk** (https://bitcointalk.org/): Um dos fóruns mais antigos e populares para discutir Bitcoin e outras criptomoedas.

2. **Reddit - r/cryptocurrency** (https://www.reddit.com/r/cryptocurrency/): Comunidade ativa para discutir notícias, tendências e oportunidades no mercado de criptomoedas.

3. **Telegram Groups**: Muitos projetos de criptomoedas têm grupos no Telegram onde os membros podem discutir atualizações e fazer perguntas. Exemplos incluem grupos oficiais de projetos como Ethereum, Cardano e Chainlink.

Conferências e Eventos

1. **Consensus**: Conferência anual organizada pela CoinDesk, reunindo líderes do setor de criptomoedas e blockchain.

2. **Ethereum Devcon**: Conferência anual para desenvolvedores e entusiastas do Ethereum, organizada pela Ethereum Foundation.

3. **Bitcoin Conference**: Evento anual focado no Bitcoin, reunindo investidores, desenvolvedores e entusiastas.

Influenciadores e Especialistas

1. **Andreas M. Antonopoulos**: Autor e educador conhecido por seus livros e palestras sobre Bitcoin e blockchain.

2. **Vitalik Buterin**: Cofundador do Ethereum e uma das principais vozes no espaço de criptomoedas.

3. **Laura Shin**: Jornalista e apresentadora do podcast "Unchained", que cobre tópicos relacionados a blockchain e criptomoedas.

Conclusão

Os apêndices deste livro fornecem recursos valiosos para aprofundar seu conhecimento sobre criptomoedas e blockchain. O glossário de termos ajuda a entender a terminologia essencial, enquanto os recursos adicionais para estudo oferecem caminhos para continuar aprendendo. As comunidades e contatos relevantes proporcionam oportunidades para se conectar com outros entusiastas e especialistas, enriquecendo sua jornada no mundo das criptomoedas.

Lembre-se, a educação contínua é fundamental para navegar com sucesso neste mercado dinâmico e em constante evolução. Continue explorando, aprendendo e se adaptando às novas tendências e oportunidades que surgem no mundo das criptomoedas.

www.ingramcontent.com/pod-product-compliance
Lightning Source LLC
Chambersburg PA
CBHW071914210526
45479CB00002B/414